7・8月 保育の展開

- 【行事】年長の夏に行いたい宿泊保育 …………………… 84
- 【健康】熱中症に気をつけよう ………………………… 85
- 【健康・安全】プールの朝は、家庭で健康チェックを …… 86
- 【夏の遊び】みんなで楽しくプール遊び ………………… 87
- 【数量感覚】「数」や「量」の感覚が育つ場面 …………… 88

9月
- 保育のポイント ……… 90
- 月案 ……… 92　　●週案 ……… 94　　●日案 ……… 96

10月
- 保育のポイント ……… 98
- 月案 ……… 100　　●週案 ……… 102　　●日案 ……… 104

11月
- 保育のポイント ……… 106
- 月案 ……… 108　　●週案 ……… 110　　●日案 ……… 112

12月
- 保育のポイント ……… 114
- 月案 ……… 116　　●週案 ……… 118　　●日案 ……… 120

9・10・11・12月 保育の展開

- 【防災】避難訓練のポイントをチェック ………………… 122
- 【健康】寒い時期に多くなる感染症への対策 …………… 124
- 【健康】冬の服装の注意点 ……………………………… 125
- 【言葉】「言葉の力」を育てる遊び ……………………… 126
- 【言葉】「非認知的能力」と「認知的能力」
　　　　双方を育てる遊び ……………………………… 128
- 【言葉】生活のなかで育つ言葉 ………………………… 129

1月
- 保育のポイント ……… 130
- 月案 ……… 132　　●週案 ……… 134　　●日案 ……… 136

2月
- 保育のポイント ……… 138
- 月案 ……… 140　　●週案 ……… 142　　●日案 ……… 144

3月
- 保育のポイント ……… 146
- 月案 ……… 148　　●週案 ……… 150　　●日案 ……… 152

1・2・3月 保育の展開

- 【行事】5歳児らしい生活発表会をサポートする ………… 154
- 【行事】「育ち」を喜び合える修了式に ………………… 155
- 【心の健康】入学へ向けてのメンタルヘルス …………… 156
- 【安全】小学校入学へ向けての安全指導 ………………… 157
- 【心の健康】「自尊感情」を育む ………………………… 158

要領・指針の改訂（定）と指導計画

ここは押さえよう！ 改訂（定）のキーポイント

國學院大學 人間開発学部子ども支援学科 教授　神長美津子
（文部科学省中央教育審議会幼児教育部会 主査代理）

　平成29年3月31日に、「幼稚園教育要領」（以下、教育要領）、「保育所保育指針」（以下、保育指針）、「幼保連携型認定こども園教育・保育要領」（以下、教育・保育要領）が改訂（定）・告示されました。この改訂（定）における大きな改善点は、満3歳以上の幼児教育については、教育要領、保育指針、教育・保育要領とも共通に考え、いずれの施設においても、質の高い幼児教育を保障することに努めることを示したことです。以下、3つの法令の改訂（定）されたポイントを見ていきましょう。

幼稚園教育要領の改訂ポイント

point 1　幼児教育で育みたい「資質・能力」の明示

　同時期に改訂された新しい「学習指導要領」等では、幼児教育から高等学校教育までを通じて育成すべき資質・能力の3つの柱として、
　①生きて働く「知識、技能」の習得
　②未知の状況にも対応できる「思考力、判断力、表現力等」の育成
　③学びを人生や社会に生かそうとする「学びに向かう力、人間性等」の涵養
を明確にしています。
　それを受けて、幼児教育において育みたい資質・能力は、次のように明示されました。
　（1）知識及び技能の基礎
　　　遊びや生活のなかで豊かな体験を通じて、感じたり、気づいたり、わかったり、できるようになったりする。
　（2）思考力、判断力、表現力等の基礎
　　　気づいたことやできるようになったことを使いながら、考えたり、試したり、工夫したり、表現したりする。

　（3）学びに向かう力、人間性等
　　　心情、意欲、態度が育つなかでよりよい生活を営もうとする。
　各園で教育課程を編成する際には、幼児教育において育みたい資質・能力について、もう少し具体的な「幼児の姿」でおさえることが必要になります。

point 2　「幼児期の終わりまでに育ってほしい姿」（10項目）の明確化

　「高等学校を卒業する段階で身につけておくべき力は何か」という全体像から、幼児教育段階では、「幼児期の終わりまでに育ってほしい姿」が次の10項目に示されました。
　（1）健康な心と体
　（2）自立心
　（3）協同性
　（4）道徳性・規範意識の芽生え
　（5）社会生活との関わり
　（6）思考力の芽生え
　（7）自然との関わり・生命尊重
　（8）数量や図形、標識や文字などへの関心・感覚

〈幼児期の終わりまでに育ってほしい姿〉

健康な心と体／自立心／協同性／道徳性・規範意識の芽生え／社会生活との関わり／思考力の芽生え／自然との関わり・生命尊重／数量や図形、標識や文字などへの関心・感覚／言葉による伝え合い／豊かな感性と表現

(9) 言葉による伝え合い
(10) 豊かな感性と表現

　ここには、5領域に基づいて教育課程を編成し、総合的に指導することを通して育まれる幼稚園修了時の幼児の具体的な姿・方向性が示されています。教職員が保育を計画し、指導・実践する際に、参考とするものです。

point 3　幼児教育の「見方・考え方」の確認

　小学校以上の教育では、それぞれの教科で重視する固有の「見方・考え方」がありますが、幼児教育において重視する「見方・考え方」は、幼児が身近な環境と主体的に関わり、心動かされる体験を重ねるなかで、環境との関わり方や意味に気づき、これらを取り込もうとして、試行錯誤したり、いろいろ考えたりすることです。こうした「見方・考え方」を幼稚園教育の基本のなかで確認し、環境の構成や援助を工夫することを促しています。

point 4　カリキュラム・マネジメントの確立

　質の高い教育及び保育を提供していくためには、幼児期に育みたい資質・能力を園目標として、その実現に向けたカリキュラムと園運営のマネジメントを関連付けながら改善・充実させていくことが必要です。
　そのためには、各教職員は、カリキュラムが目指す方向を踏まえて日々の実践を重ねるとともに、実践後の話し合いからカリキュラムの評価・改善という循環の過程を共有することが大切です。この場合、改めてカリキュラムの評価・改善のための園内研修を設ける場合もありますが、日頃から園内において実践を語り合う雰囲気を大事にし、各園の課題を教職員間で共有することも必要です。

　「カリキュラム・マネジメント」は、園長や主任だけでするのではなく、教職員一人ひとりが、当事者意識をもって臨むことが必要なのです。そのことは同時に、各担任が、発達の見通しと広い視野をもっての実践を展開することにつながっていきます。教科書がない幼児教育においては、「カリキュラム・マネジメント」に参画するなかで、子どもたちの発達の過程を確認したり、園環境を見直したりして、保育実践力を向上させていくことが重要なのです。

point 5　幼児理解に基づく「評価」の実施

　幼稚園教育では、これまで幼児一人ひとりのよさや可能性を把握して、幼児理解に基づく評価を実施してきました。このように、小学校以上の評価の仕方と異なる幼児期の教育における評価の考え方を、今回改めて教育要領のなかで示しています。これは、資質・能力を育むということを幼児教育から高等学校教育まで一貫して行っていくにあたり、教育の展開は、それぞれの学校段階により異なることを示しています。

point 6　特別な支援が必要な幼児への指導

　障害のある幼児や海外から帰国した幼児等の幼稚園生活への適応など、特別な配慮を必要とする幼児への指導の充実を図っています。

point 7　現代的な諸課題に沿った改善・充実

　今回の改訂では、資質・能力の3つの柱に沿って教育内容の見直しを図るとともに、近年の子どもの育ちに関わる環境等の変化による現代的な諸課題に沿って、教育内容の

改善・充実を図っています。

例えば、領域「健康」では「多様な動きを経験する中で、体の動きを調整するようにすること」、領域「人間関係」では「諦めずにやり遂げることの達成感や、前向きな見通しをもって自分の力で行うことの充実感を味わうことができる」、領域「環境」では「わらべうたや我が国の伝統的な遊びに親しんだり、異なる文化に触れる」、領域「言葉」では「言葉の響きやリズム、新しい言葉や表現などに触れ、これらを使う楽しさを味わえるようにすること」、領域「表現」では「(豊かな感性を養う際に、) 風の音や雨の音、身近にある草や花の形や色など自然の中にある音、形、色などに気付くようにすること」などがあります。

また、思いやりや忍耐力といった非認知的能力を育むことの重要性も、注目されています。

保育所保育指針の改定ポイント

point 1 保育所保育における幼児教育の積極的な位置づけ

保育所保育も幼児教育の重要な一翼を担っていることから、3歳以上の教育部分は教育要領等と同様に、幼児教育を行う施設として育みたい資質・能力、幼児期の終わりまでに育ってほしい姿(10項目)を示し、小学校との円滑な接続を図っていきます。また、「全体的な計画」の作成、保育における「評価」の在り方などについても充実が図られています。

これらについては、前項目「幼稚園教育要領の改訂ポイント」を参照してください。

point 2 乳児、1～3歳未満児の保育に関する記載の充実

乳児や1・2歳の時期の重要性や、近年の0～2歳児の保育所等の利用率の上昇などを踏まえ、3歳以上児とは別の項目を設けるなど、記載内容の充実を図っています。特に、発達の特性と併せて保育内容を示すとともに、養護の

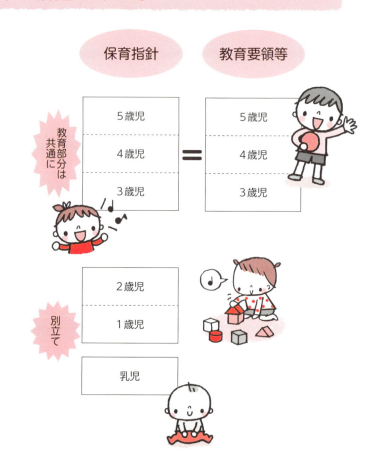

理念を総則で重点的に示しています。

point 3 「健康及び安全」に関する内容の充実

子どもの育ちをめぐる環境の変化を踏まえ、「食育の推進」や「事故防止及び安全対策」など、「健康及び安全」の内容について、改善・充実を図っています。

point 4 保護者・家庭および地域と連携した「子育て支援」の必要性を明示

保護者と連携して子どもの成長を支えるという視点を明確にし、「保護者が子どもの成長に気付き子育ての喜びを感じられるように努めること」「保育の活動に対する保護者の積極的な参加は、保護者の子育てを自ら実践する力の向上に寄与することから、これを促すこと」など、子どもの育ちを保護者とともに喜び合うことを重視しています。

また、保育者が行う地域における子育て支援の役割が重要になっていることから、「保護者に対する支援」の章を「子育て支援」と改め、内容の充実を図っています。

point 5 保育士の資質・専門性の向上

職員の資質・専門性の向上について、「研修の実施体制等」の項目が新たに加わり、保育士のキャリアパスの明確化を見据えた研修の機会の充実が示されています。また、組織内での研修成果の活用として、「保育所における保育の課題を理解し、その解決を実践できる力を身に付けること」を挙げ、研修の成果を保育の改善に結びつけていくことの必要性を示しています。

幼保連携型認定こども園教育・保育要領の改訂ポイント

教育・保育要領は、平成27年4月に施行されたばかりなので、今回の改訂では、基本的構成は維持しつつも、教育要領と保育指針の改訂（定）の方向性との整合性を取りながら、内容の充実が図られました。

3歳以上の教育部分は教育要領と、乳児と1・2歳児は保育指針と同様ですので、そちらを参照してください。認定こども園独自の改訂内容は、概ね次の2項目です。

point 1 幼保連携型認定こども園として特に配慮すべき事項の充実

基本的内容は維持しつつ、在園時間や日数が異なる多様な園児がいることへの配慮として、3歳児から集団経験の異なる多様な園児が入園してくるため、「家庭や他の保育施設等との連携や引継ぎを円滑に行うとともに、環境の工夫をすること」「満3歳以上の園児同士が共に育ち、学び合いながら、豊かな体験を積み重ねることができるよう工夫をすること」「子育ての支援を推進する」ことを示しています。

point 2 「健康及び安全」「子育ての支援」を新たに章立て

子育ての支援の充実、災害に対する危機管理等の今日的課題を受けて、新たに章を起こし、内容の充実を図りました。

「指導計画」とは何か

指導計画は、保育者による"愛情の計画"

國學院大學 人間開発学部子ども支援学科 教授　神長美津子
（文部科学省中央教育審議会幼児教育部会 主査代理）

「指導計画」は、園の「教育課程」や「全体的な計画」の実施にあたって、幼児の生活する姿を考慮して、各発達の時期にふさわしい生活を展開し、そこで幼児が発達に必要な経験が得られるようにするために作成するものであり、幼児理解に基づく発達の理解から指導の手がかりを得て、保育の内容や方法を具体化するものです。

行き当たりばったりでは、「保育」ではない

集団で営む園生活のなかで、一人ひとりの発達を保障していくためには、発達の見通しをもって計画的に保育を進めていくことが必要です。もし、指導計画がなかったらどうなるでしょうか。幼児が環境と関わって生み出す活動に任せていくわけですから、その時々は楽しい時間を過ごすことができるかもしれませんが、幼児一人ひとりについて、そうした体験を重ねて修了までに育てたいことを保障していくことは必ずしもできるわけではありません。行き当たりばったりでは、すべての幼児に発達を保障する「保育」はできないのです。

例えば、

○今週、仲間に入れるか入れないかのいざこざがよく起きていた。

○仲間関係が育ってきていることはわかるけれど、このことをプラスの育ちにしていくためには、どうしたらよいだろうか。

○来週の週案には、いざこざを予測して、そのときの保育者の関わりをていねいに書いておこう。

というように、幼児の実態を分析しながら、保育者の関わりについて予め予測して週案を書いていくことが必要となります。

また「初めて運動会に参加する3歳児が、それを楽しみにするためには、3週間前だけれど、どういう環境にしていったらよいだろうか」など、「教育課程」や「全体的な計画」を見通しながら、担任する幼児たちにとって実り多い園生活にするために準備をすることを、週案に書いてお

くことも必要です。こうした発達の見通しをもった指導計画を作成するからこそ、確実に幼児一人ひとりの発達を保障することができるのです。

 目の前にいる幼児の姿から立案する

しかし、指導計画は、園の「教育課程」や「全体的な計画」に示す幼児の経験する内容を単純に具体化したものではありません。むしろ、指導計画の作成は、「教育課程」や「全体的な計画」の各発達の時期に示す幼児の経験する内容について、目の前の幼児が生活する姿を起点にして、どのようにしたらこれらの経験する内容を保障することができるのかを考えていくことと言えます。

そこには、いくつかの道筋が考えられますが、幼児の生活する姿と経験する内容を線で結ぶというよりは、いくつかの道筋が重なり相互に関連して面となって、各発達の時期に示す幼児が経験する内容を保障していくというイメージです。この意味で、指導計画作成は、幼児が生活する姿を中心にして、各発達の時期にふさわしい園生活をデザインしていくことにほかなりません。

 あくまで"仮説"であるので、反省・評価が必要

幼児期の教育では、その発達の特性を踏まえて適当な環境を構成し、幼児自らが周囲の物や人と関わりながら、発達に必要な経験を重ねていくことが大切です。

もし、周囲の環境が幼児の発達に応じたものでなかったり、保育者の関わりが適切なものでなかったりすると、幼児の興味や関心が引き起こされず、せっかく幼児が環境と関わって生み出した活動も、幼児の発達を促すものとはなりません。

幼児の主体的な活動を通して、幼児一人ひとりの発達を保障していくために指導計画はありますが、それはあくまでも"仮説"であることにも留意する必要があります。指導計画は、常に、幼児の活動に沿って反省・評価を重ねることが必要なのです。そこには、幼児一人ひとりの姿を見守る保育者のまなざしがあり、幼児一人ひとりのもつよさや可能性を最大限に引き出していこうとする保育者の願いが込められています。この意味で、指導計画は、保育者による"愛情の計画"と言えるのです。

「指導計画」立案の手順と留意点

目の前の子どもたちの姿からスタート

國學院大學 人間開発学部子ども支援学科 教授　神長美津子
（文部科学省中央教育審議会幼児教育部会 主査代理）

　保育終了後、保育室の片付けをしているときなどは、幼児たちの一日の姿をいろいろ思い出し、明日の保育をどうするかが心に浮かぶのではないでしょうか。しかし、いざ「日案」を立てようと机に向かうと、つい身構えてしまって、適切な言葉が見つからず、なかなか書けないということがしばしばあります。多様な活動が展開するなかで、保育の意図や保育者の行為を書き記すことが難しい「指導計画」ですが、あらためて手順とポイントを考えてみましょう。

短期の「指導計画」

step1　生活の姿から幼児の発達を理解する

　「日案」や「週案」などの短期の指導計画は、書き方は多少異なるところがあるかもしれませんが、基本は、保育者自身が日々の保育を振り返り、幼児の生活する姿から発達の理解を深め、それをもとに作成していく計画と言えます。

　「週案」であれば、前週の保育記録を読み直し、幼児の生活する姿を整理するとともに、保育者自身の指導を振り返ります。

　保育記録を整理する際、次のような視点に分けて整理すると、前々週からの変化する姿を捉えやすいので、発達の理解を深めることができます。

①**生活に取り組む姿**
　　基本的な生活習慣、生活のリズム、当番や帰りの会の様子など
②**遊びに取り組む姿**
　　興味や関心のもち方、遊び方など
③**人と関わる姿**
　　友達との関わり、保育者との関わり、集団のなかでの様子など

　また、一週間分の保育記録を読み直していると、その行間から、保育記録を書いているときには気づかなかった、幼児の思いとのズレや指導の問題に改めて気づくこともあります。こうした気づきも踏まえて、週の「ねらい」や「内容」、「環境構成」を考えていきます。

step2　「ねらい」や「内容」を設定する

　短期の指導計画で「ねらい」や「内容」を設定する際には、年間指導計画などで押さえているその園の幼児たちの発達の過程を参考にしますが、単純に年間指導計画を具体化するわけではありません。前週の週案の「ねらい」や「内容」がどのように達成されつつあるかなどの幼児の実態を捉え、それを発達の過程のなかに置きながら「ねらい」や「内容」を設定して、次のようにまとめていきます。

○**ねらい**……発達の理解を深めながら、幼児が「実現したいと思っていることは何か」、つまり、発達しつつあるものを押さえる
○**内容**………そのために保育者が指導し、幼児が経験していくことを押さえる

例えば、前週の保育記録には、幼児の姿として、幼児同士の遊びのイメージがすれ違ってトラブルを起こす姿がたびたび書かれていました。しかし、同時に友達を誘って遊びを楽しむ姿も書かれています。「友達といっしょに遊びたい」という気持ちが芽生えているものの、思いを伝え合うことは、まだうまくできていないようです。
　そこで、ねらいは、「遊びのイメージをもって、友達との遊びを楽しむ」としました。そのねらいを身につけていくために必要な経験としては、「友達に思いやイメージを伝えながら、遊びを進める」「友達の話を関心をもって聞く」を押さえました。
　「ねらい」の設定では、幼児が楽しむことを捉えています。「内容」では、幼児のもつ能動性を引き出しながら、発達に必要な経験を保障していくことを考えています。

遊びのイメージがすれ違ってトラブル　　友達を誘って遊びを楽しむ姿も見られる

前週の子どもの姿

保育者の見立て

・いっしょに遊びたい気持ちが芽生えている
・思いを伝え合うことはうまくできていない

今週のねらいと内容

ねらい　・遊びのイメージをもって友達との遊びを楽しむ

内　容　・思いやイメージを伝えながら遊びを進める
　　　　・友達の話を関心をもって聞く

　幼児が実現したいと思っていることや楽しみを無視して一方的にねらいを設定しても、発達に必要な経験を得ることはできません。保育者の役割は、環境に関わって生み出されるさまざまな幼児の活動に沿って、発達に必要な経験が得られる状況をつくっていくことです。
　そのためには、育てたい方向を「ねらい」として見据え、活動のなかでの幼児の楽しみや経験していること、さらにより多くの幼児たちに経験してほしいことなどを「内容」として押さえます。そのことにより、指導の視点が明確になり、幼児一人ひとりの発達を保障する保育を展開することができます。

 step 3 予想される幼児の姿に沿って「環境の構成」を考える

次に「ねらい」や「内容」に沿って、物的・空間的「環境の構成」を考えていきます。

○**日案の場合**

日案であれば、その物的・空間的環境の構成のなかでの幼児一人ひとりの姿を思い浮かべてみます。積極的に関わる幼児がいる一方で、あまり興味を示さない幼児もいるでしょう。興味を示さない幼児にはどう対応しますか？ 保育者が、楽しそうに設定された環境のなかで遊び始めたらどうかなどなど、予想される幼児の姿に沿って、具体的に環境の構成を考えていきます。

○**週案の場合**

週案の環境の構成は、日案の場合とは多少異なり、例えば、「友達と誘い合ってごっこ遊びを始めることができるよう、遊びに必要な物や必要な物を作る材料などを保育室の一角に並べて置いておく」など、「環境の構成のポイント」というような、ざっくりとした書き方かもしれません。

「環境の構成」を考える際、保育者の関わり方も記載するようにしましょう。例えば、友達とのトラブルが起きた際に「積極的に関わる」のか「少し距離を置いて見守る」のかにより、トラブル解決を通して幼児が経験することが異なります。また保育者が仲介する際、相手の思いやイメージに気づくためにはどのような話しかけ方がよいのかなど、トラブルの状況を予想しながら、具体的に書いておくようにしましょう。

 step 4 反省・評価から次の指導計画へ

幼児の生活や遊びに沿って綿密に立てた指導計画であっても、実際の保育の展開においては、保育者の予想とは異なる展開が生じることが、たびたびあります。幼児の思い

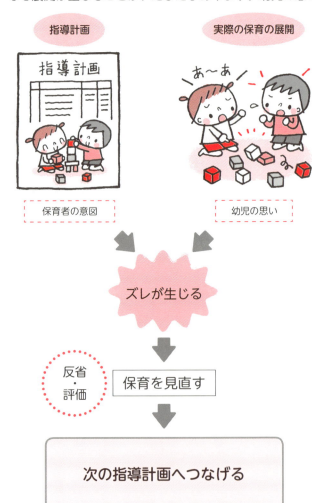

と保育者の意図との間にズレが生じるのです。ズレが生じることが問題ではなく、そのズレから保育を見直し、いかにして次の指導計画につなげていくかが問題です。このため、日々、保育記録を書き記しながら、反省・評価を重ねていくことが必要なのです。

また、週案や日案などの短期の指導計画の反省・評価は、通常は担任が個々に行うものですが、時には学年のケース会議や園内研修に取り上げながら、園の教育や保育を確認し、保育者一人ひとりの幼児を見る目や保育を構想する力を磨いていくことも必要です。

長期の「指導計画」

step 5　短期の指導計画の反省・評価を重ねて、長期の指導計画へフィードバック

週案や日案などの短期の指導計画は、担任が、クラスの幼児の実態を捉えて作成しますが、その拠り所となるのは、「年間指導計画」などの長期の指導計画です。年間指導計画などの長期の指導計画は、幼稚園は「教育課程」に、保育所と認定こども園は「全体的な計画」に基づいて、園長のリーダーシップのもと、園全体の保育者で作成します。

「年間指導計画」は、その園の幼児の発達の過程を押さえたうえで、園行事や季節の変化などを盛り込み、幼児たちにとって潤いと変化のある楽しい園生活になることを願って作成します。

「年間指導計画」は、一度作成すると、しばらくそのままという園がしばしばあります。毎年、全面的に作り直す必要はありませんが、前年度の終了時には、保育者間で意見を交換しながら、年間指導計画の反省・評価をする必要があります。いわゆる、自己評価・自己点検です。

その際、大切にしたいことは、「幼児の発達の視点」です。特に、同じ園行事でも、学年によって、その園行事の幼児

にとっての意味は異なるので、園行事を通して幼児のなかに何を育てていくかを押さえ、そのうえでの反省・評価をすることが必要です。例えば、5歳児にとって、運動会は何度か経験してきているので、運動会に向かう気持ちをもつことができます。しかし、初めての運動会を体験する3歳児にとっては、「運動会のイメージ」がないので、練習も本番も、そして運動会が終わった後も、その時々を楽しんでいるのかもしれません。それぞれの視点から反省・評価をしていきましょう。

ある意味で、指導計画は"仮説"です。幼児一人ひとりの発達を保障するよりよい保育を求めて、その"仮説"を検証していきたいものです。

認定こども園における「指導計画の考え方」

多様性に応じた教育・保育をいかに組み立てるか

学校法人渡辺学園 港北幼稚園
認定こども園 ゆうゆうのもり幼保園　園長　渡邉英則
（文部科学省中央教育審議会幼児教育部会委員）

認定こども園が考えるべき課題は何か

一人ひとりにどのような生活を保障できるか

　認定こども園では、一日の生活リズムや在園時間の異なる園児がともに生活します。指導計画を考えるうえで、基本となるのはあくまでも子どもの姿ですが、在園する時間によって、生活の場が変わったり、子どもの数が増減したり、担当する保育者も変わるなど、見えている子どもの姿がさまざまに異なってくるのが認定こども園です。家庭の状況も含め、さまざまな生活の仕方がある子どもに対して、認定こども園が一人ひとりの子どもたちにどのような生活を保障できるのかが、「認定こども園における指導計画」の重要な役割ともいえます。

　とはいえ、「認定こども園の指導計画」といっても、基本となる考え方は幼稚園や保育所と大きく変わるわけではありません。子どもの姿をどう捉え、一人ひとりの子どもの姿から、個々の子どもに即した保育を考えていくという基本は同じです。

　ただ、計画の前提となる一人ひとりの生活が、一日のなかで大きく異なっている子どもがいたり、また夏休み期間などの長期休暇中も、毎日のように園に来る子どももいれば、長期休暇の間ほとんど家庭で過ごす子どももいたりするなどします。

　生活の仕方が大きく異なる子どもたちがともに生活するなかで、どのように指導計画を作成していくかは、園の置かれている状況もそれぞれ異なるため、園全体で担当する保育者の配置や行事の在り方、連携の仕方なども工夫するなど、考えるべき課題が多くあることも考慮しなければなりません。

子どもの一日が豊かになるために何ができるか

　では、「認定こども園の指導計画」はどのように考えていけばいいでしょうか。基本になる考え方は、子どもの24時間の生活を見通したうえで、改めて子どもの生活に即して指導計画を考えてみることです。朝起きたときから夜寝るまで、子どもの一日の生活がより豊かになるために、認定こども園として何ができるのかというような発想が求められます。

　朝早く登園してくる子どもや、夜遅くまで園にいる子どもに対して、どのような保育を行えばいいのか、また、教育課程に係る教育時間だけで家庭に帰る子どもは、午後の時間に家庭や地域でどのような生活をしているのか、そこで保障されていた体験や経験は、教育課程に係る教育時間後の活動に入れ込む必要はないのかなど、子どもの過ごす時間や場に応じて、どのような教育・保育を行っていくかを組み立てていくのが、認定こども園における指導計画なのです。

♣ そこにあるさまざまな生活の刺激を、さらなる学びに

改訂された「幼保連携型認定こども園教育・保育要領」でも、「教育及び保育の内容、並びに子育ての支援等に関する全体的な計画」に基づいて組織的かつ計画的に、各幼保連携型認定こども園の教育・保育活動の質の向上を図っていくという「カリキュラム・マネジメント」の重要性や、指導計画の作成上の留意事項のなかで、「主体的・対話的で深い学び」が実現するようにしながら幼保連携型認定こども園の生活が充実することが求められました。

乳児も幼児も含め、さまざまな生活の仕方をする子どもに対して、一人ひとりが乳幼児期にふさわしい生活を展開し、必要な体験を得ていくことが必要です。

特に在園する全ての子どもがいる教育課程に係る教育時間において、3歳児未満の生活や、教育課程に係る教育時間後に行う活動、さらには家庭や地域での体験や経験などがすべてお互いに刺激し合い、影響し合って、遊びの充実につながり、さらなる学びとなってより豊かな生活を築いていくような指導計画になっていくことが求められているのです。

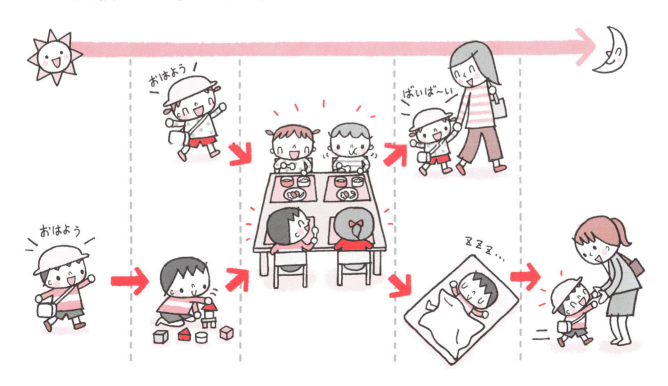

認定こども園の指導計画作成上の留意事項

《年間計画》
先を見通して、計画を決めておく

　認定こども園では、その子その子の状況によって多様な生活の仕方になるため、保育者にとっても、また保護者にとっても、一年を見通した年間の計画を年度当初にきちんと決めておく必要があります。特に働いている保護者が参加する行事などは、年間を通して早めに知らせる必要があります。

　また、子どもの生活の質を高めていくためにも、おおよその時期に行うことが決まっている季節ごとの行事や栽培、地域との連携、家庭との連携なども、年間を通して考えておきます。

　避難訓練や誕生会など、年間を通して繰り返し行う行事などでは、そのやり方を年間の流れのなかで工夫してみることも大事です。また季節に合わせた遊びにも、あらかじめ必要な環境や教材などを事前に準備しておき、少し時期がずれて早めに始まったときにも対応できる配慮があると、慌てずに子どもと関わることができます。

　また、教育課程に係る教育時間後の活動においては、基本的に季節行事などは行わないため、子どもの生活にどのようなメリハリをつけていくか、年間を通した計画のなかでどのようなことに取り組もうとするのかもあらかじめ決めておくと、スムーズに活動を進めることができます。

《月案》
情報の共有は月単位の計画で

　「月案」は、指導計画のなかでも、その時期ならではの子どもの育ちや変化を読み取ることに適している計画案だといえます。前月の子どもやクラスの姿をきちんと反省・評価したうえで、そこから該当する月の「ねらい」や「内容」を考えていきます。月単位で指導計画を考えることで、クラス全体を見通した子どもの育ちや、友達関係の変化などが見えてきます。

　行事や日々の保育でどんな活動を取り入れるかなどの具体的な見通しを決めたり、職員同士の話し合い、準備のための日程などを決めたりしていくのも、「月案」が中心となります。給食のメニューなども月単位で決められるのが一般的でしょう。食育や健康・安全への配慮なども、月単位で大事にしたいことを確認しておきます。

　認定こども園では、3歳未満児クラスとの連携や、教育課程に係る教育時間後に行う教育・保育との連携、配慮事項も、「月案」が中心となって打ち合わせが行われる場合が多くあります。手作りおやつの日や、季節によっては近くの公園に出かけるなどの計画も、教育課程に係る教育時間との関係のなかで決めておくとよいでしょう。認定こども園では特に、「月案」を中心に、園全体の動きが、どの学年の保育者にも共有されているような体制づくりが求められています。

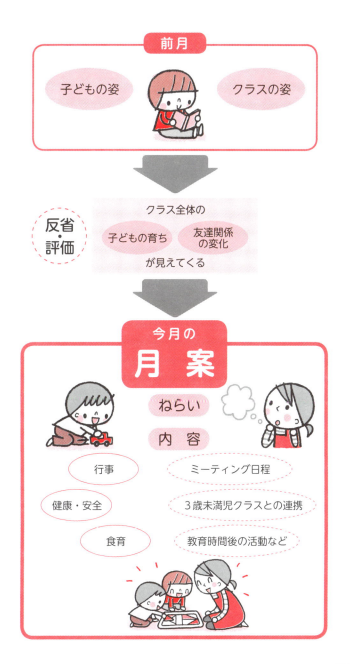

 《週案》
保育の流れは週単位の計画で

「週案」は、遊びの変化を見通すうえで、大事な指導計画といえます。前週のねらい、内容、環境の構成、保育者の援助などを振り返り、心に残ったいくつかの出来事やクラス全体を見通した共通の姿などから、「前週の子どもの姿」を記録し、前週の反省や評価をすることから、今週の「ねらい」や「内容」が決まり、「週案」を作成していきます。

前週の遊びの様子を踏まえて、具体的な環境や保育者の援助を考えていくなかで、今週、どのように遊びやそこに関わる仲間関係などが変化するかが見えてきます。最近では、「子どもの育ったと思える姿」をドキュメンテーションとして、写真を中心とした記録に残す園も出てきました。週単位で遊びをていねいに見て援助していくことで、子どもが遊びのなかで、何を経験しているか、何に夢中になっているのか、どんなイメージや考えがあって遊びが変化していくのかなどが見えてきます。それを、「週案」を中心とした保育の記録として残していくことや保護者に発信していくことも大事になってきます。

また、突発的な出来事や園行事などの余韻を味わう姿なども、「週案」のなかに具体的な子どもの姿として出てくるはずです。教育課程に係る教育時間後の活動との連携も、週案単位で連携が行われると、遊びや友達関係を引き継ぐ保育者にていねいに伝え合うことができるようになります。

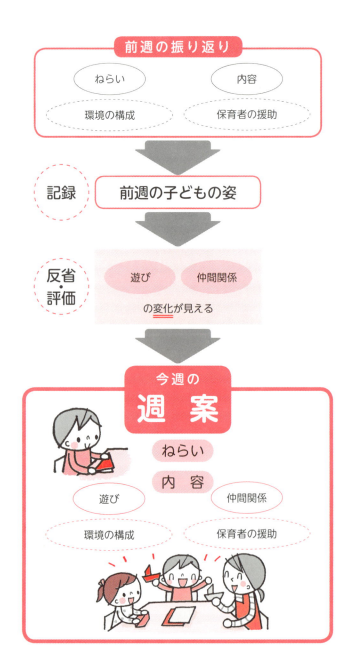

♣《日案》
書くことで"見えてくるもの"がある

　「日案」は、より具体的な環境構成や保育者の援助などを明らかにするために、有効な指導計画です。クラスの実態をよりていねいにより詳しくわかろうとしたり、自分の保育を見直したりするためには、「日案」をきちんと書いてみると、見えてくることが多くあります。

　本来、指導計画の基本は、一人ひとりに対して書くことです。認定こども園であれば、多様な子どもがいるため、なおさら一人ひとりに応じた指導計画があるべきだといえます。ただ、実際には、そのような指導案を作成していくことは大変な作業で、不可能であることも確かです。クラス全体を見通した日案を作成するなかで、個々の子どもにふさわしい生活とはどのようなものであるかを考えてみてください。

　ただ、「日案」が特に大事になるのは、遊びが停滞していたり、配慮の必要な子どもや保育者がどのように関わっていいかわからない子どもへの対応を模索していたりするときであることも確かです。保育の基本に戻って、前日や前々日の子どもの様子を捉えたうえで、今日の「ねらい」や「内容」を決め、環境構成や保育者の援助を考えた日案を作成して保育に臨んでみると、見えてくることも多くあります。昨日から今日へのほんの少しの違いの積み重ねのなかで、子どもは育っていくからです。

　また、「日案」を踏まえた保育記録があると、のちに何らかのトラブルがあったときなどに、保育の様子を振り返るのに役立ちます。一日の流れのなかで、子どもがどの時間に生き生きしているのか、仲間関係に大きな変化があるのは、どのような活動のときなのかなど、教育課程に係る教育時間だけでなく、一日を見通した子どもの姿をどのように把握していくかも、認定こども園の日案としてとても大事な役割を果たすことになります。

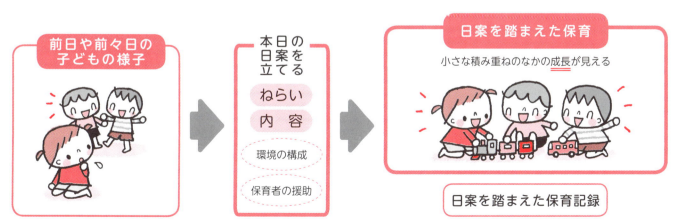

本書の指導計画について

本書の指導計画は、執筆園の保育をモデル化したものです。指導計画立案などのご参考にされる際は、貴園の所在地域や子どもたちの実態に合わせて、ご使用ください。

1. 年間計画

園の教育課程等に基づき、子どもの発達過程を踏まえて、5歳児クラスの一年間で育てたい「子どもの姿」や保育の「ねらい」などを見通して作成しています。

○子どもの姿
子どもの発達過程と園の教育課程等を踏まえて、その時期によく見られる「子どもの姿」を示しています。

○ねらい
子どもの姿を踏まえ、育てたい子どもの姿や保育の意図を、その期の「ねらい」として掲げています。
「ねらい」とその下の「内容」の欄は、保育者側の見方の参考として、養護面（◇）と教育面（◆）をマークで表示しています。

○内容
「ねらい」を達成するために、子どもたちに経験してほしい活動や遊びを挙げています。

○環境構成・援助
「内容」に掲げた事柄を子どもたちが経験するために必要な、保育者が行う「環境構成」や「援助のポイント」を記しています。

○子育て支援
家庭との連携を含めた「子育て支援」の、期ごとのポイントを挙げています。

○年間目標
園の教育課程等を踏まえ、5歳児クラスの一年間で育てたい子どもの姿を念頭に、指導の方向性を目標として記載しています。

○CD-ROMの階層
付属CD-ROMに収録された、本ページのデータの階層を表しています。

○「期」の分け方
指導計画執筆園の教育課程等に準じて、4期に分けています。

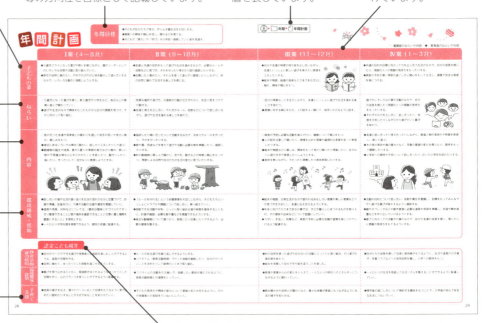

○認定こども園等
認定こども園や保育園、幼稚園の預かり保育など、長時間保育の場において参考となる活動を記しています。

○掲載している「年間計画」の種類
上記の「（保育）年間計画」(28ページ)のほか、
- ◎「保幼小接続 年間計画」(30ページ)
- ◎「食育年間計画」(32ページ)
- ◎「保健年間計画」(34ページ)
- ◎「防災・安全年間計画」(35ページ)

を掲載しています。

○「保幼小接続 年間計画」について
本書の「保幼小接続 年間計画」は、教育要領・保育指針等の改訂（定）で新たに示された「幼児期に育みたい資質・能力」の3項目を「接続の柱」に据えています。また、その「資質・能力」が育まれる具体的な活動例を、「活動のなかに見られる幼児期の終わりまでに育ってほしい姿」として、10の姿のカテゴリに分けて表示しています。

＊この「資質・能力」は、遊びを通しての総合的な指導を行うなかで一体的に育んでいくものであり、個別に取り出して指導していくものではありません。

「幼児期の終わりまでに育ってほしい（10の）姿」の表記について

本書の「保育ピックアップ」「月案」「週案」で示された活動には、教育要領・保育指針等の改訂（定）で新たに示された「幼児期の終わりまでに育ってほしい姿」につながるものに、10の項目名を表示しています。

＜項目名＞		＜本書内でのアイコン＞
健康な心と体	→	健康
自立心	→	自立心
協同性	→	協同性
道徳性・規範意識の芽生え	→	道徳・規範
社会生活との関わり	→	社会生活
思考力の芽生え	→	思考力
自然との関わり・生命尊重	→	自然・生命
数量や図形、標識や文字などへの関心・感覚	→	数量・図形・文字
言葉による伝え合い	→	言葉
豊かな感性と表現	→	感性・表現

※付属のCD-ROMに収録されたデータには、10の姿の項目アイコンは入っていません。

2. 子どもの姿と保育のポイント

各月のトップページには、年間計画・子どもの発達過程・季節などを踏まえて、その月に見られる子どもの姿と、クラスを運営していく際のポイントをまとめています。このページで、その月の保育が概観できます。

○今月の保育ピックアップ
「今月のテーマ」に沿った活動、また改訂(定)された教育要領・保育指針等で新たに示された視点で捉えた活動などを取り上げ、そのための環境構成、保育者の援助などを表示しています。

○今月のテーマ
その月の中心となる活動やその意図を「今月のテーマ」として設定しています。

3. 月案

年間計画の「期」を踏まえて、その月の5歳児クラスの子どもの姿を見通しながら、ひと月単位の計画にまとめて作成しています。

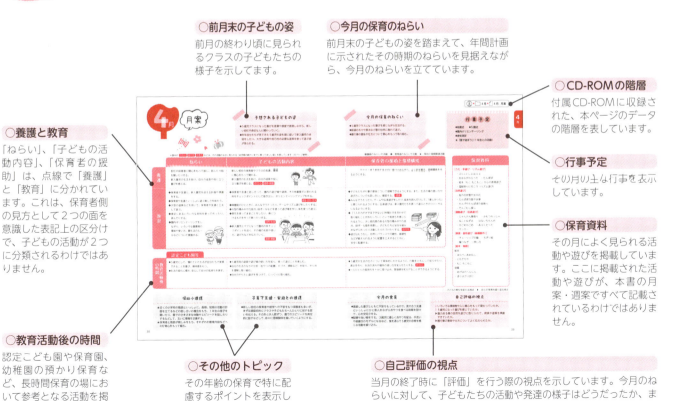

○前月末の子どもの姿
前月の終わり頃に見られるクラスの子どもたちの様子を示してます。

○今月の保育のねらい
前月末の子どもの姿を踏まえて、年間計画に示されたその時期のねらいを見据えながら、今月のねらいを立てています。

○養護と教育
「ねらい」、「子どもの活動内容」、「保育者の援助」は、点線で「養護」と「教育」に分かれています。これは、保育者側の見方として2つの面を意識した表記上の区分けで、子どもの活動が2つに分類されるわけではありません。

○CD-ROMの階層
付属CD-ROMに収録された、本ページのデータの階層を表しています。

○行事予定
その月の主な行事を表示しています。

○保育資料
その月によく見られる活動や遊びを掲載しています。ここに掲載された活動や遊びが、本書の月案・週案ですべて記載されているわけではありません。

○教育活動後の時間
認定こども園や保育園、幼稚園の預かり保育など、長時間保育の場において参考となる活動を掲載しています。

○その他のトピック
その年齢の保育で特に配慮するポイントを表示しました。

○自己評価の視点
当月の終了時に「評価」を行う際の視点を示しています。今月のねらいに対して、子どもたちの活動や発達の様子はどうだったか、また自らの関わりは適切だったか、という2つの面から示しています。

21

4. 週案

月案で挙げられた「ねらい」や「活動内容」をもとに、第1週から第4週の流れに展開しています。

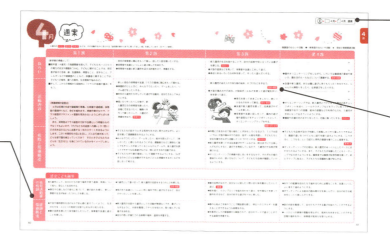

○ CD-ROMの階層
付属CD-ROMに収録された、本ページのデータの階層を表しています。

○ 養護と教育のマーク表示
「ねらい」と「活動内容」については、養護面を◇、教育面を◆と表示しています。これは、保育者が「ねらい」や「活動」を立案する際の、見方としての表記上の区分けで、子どもの活動が2つに分類されるわけではありません。

○ 教育活動後の時間
認定こども園や保育園、幼稚園の預かり保育など、長時間保育の場において参考となる活動と環境構成および保育者の援助を、この欄に掲載しています。

5. 日案

その月の、ある一日を日案の形に展開。一日の活動の流れを示しています。

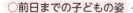

○ 前日までの子どもの姿
前日までに見られるクラスの子どもたちの様子を示しています。

○ ねらい
月案や週案に示された「ねらい」や流れを踏まえて、前日までの「子どもの姿」を見据えながら、当日の「ねらい」を立てています。

○ CD-ROMの階層
付属CD-ROMに収録された、本ページのデータの階層を表しています。

○ 自己評価の視点
一日の終了時に「評価」を行う際の視点を示しています。日案で立てた「ねらい」に対して、子どもたちの活動の様子はどうだったか、また自らの関わりは適切だったか、という2つの面から示しています。

6. 保育の展開

その時期の園行事や季節の健康、安全、環境構成などに役立つヒントや資料を掲載しています。

本書付属の CD-ROMについて

本書付属の CD-ROMには、Excel 形式のデータが収録されています。以下の事項に合意いただいたうえで、ご開封ください。

◆ 本書付属CD-ROMをお使いになる前に

【動作環境】
◎付属CD-ROMは、以下のOS、アプリケーションがインストールされているパソコンでご利用いただけます。

＜Windows＞
OS：Windows10、Windows 8、Windows 7
アプリケーション：Microsoft Office 2010 以降

＜Macintosh＞
OS：Mac OS X 10.8 以降
アプリケーション：Microsoft Office for Mac 2010 以降

◎付属CD-ROMをご使用いただくためには、お使いのパソコンにCD-ROMドライブ、またはCD-ROMを読み込めるDVD-ROMドライブが装備されている必要があります。

【使用上のご注意】
・付属CD-ROMに収録された指導計画のデータは、お使いのパソコン環境やアプリケーションのバージョンによっては、レイアウトなどが崩れる可能性があります。
・収録された指導計画のデータは、本書誌面と異なる場合があります。
・収録された指導計画のデータについての更新や、使い方などのサポートは行っておりません。
・パソコンやアプリケーションの操作方法については、お手持ちの使用説明書などをご覧ください。
・付属CD-ROMを使用して生じたデータ消失、ハードウェアの損傷、その他いかなる事態にも、弊社およびデータ作成者は一切の責任を負いません。

※Microsoft Windows、Microsoft Office Excel は、米国Microsoft Corporation の登録商標です。
※Macintosh は、米国 Apple Inc. の商標です。
※本書では、商標登録マークなどの表記は省略しています。

◆ CD-ROM 取り扱い上の注意

・付属のディスクは「CD-ROM」です。オーディオ用のプレイヤーでは再生しないでください。
・付属CD-ROMの裏面に汚れや傷をつけると、データが読み取れなくなる場合があります。取り扱いには十分ご注意ください。
・CD-ROMドライブに正しくセットしたのち、お手持ちのパソコンの操作方法に従ってください。CD-ROMドライブにCD-ROMを入れる際には、無理な力を加えないでください。トレイにCD-ROMを正しく載せなかったり、強い力で押し込んだりすると、CD-ROMドライブが破損するおそれがあります。その場合でも、弊社およびデータ作成者は、一切の補償はできません。

◆ 付属 CD-ROM に収録されたデータの内容

・ページの上部に下記のようなCD-ROMのマークが付いているものは、付属CD-ROMにデータが収録されています。

・図のような順をたどっていくと、そのページのデータが収録されています。

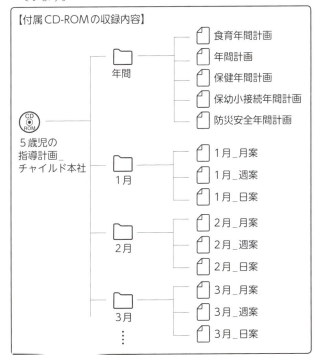

・お使いのパソコンの設定によっては、上図の順番で表示されない場合があります。
・付属CD-ROMに収録された指導計画のデータに、10の姿の項目アイコンおよびイラストは入っていません。

◆ CD-ROMに収録されている デジタルコンテンツの使用許諾と禁止事項

・本書付属のCD-ROMに収録されているデジタルコンテンツは、本書を購入された個人または法人が、その私的利用の範囲内においてお使いいただけます。
・本コンテンツを無断で複製して、第三者に販売・貸与・譲渡・頒布（インターネットを通じた提供も含む）することは、著作権法で固く禁じられています。
・本CD-ROMの図書館外への貸し出しを禁じます。

23

0～5歳児 発達の姿を 理解しよう

鈴木八重子（元 文京区立保育園 園長）

援助は子どもの発達理解から

保育を行ううえで、「子どもの発達を理解すること」はとても大切です。保育者が子どもの発達の理解を深めることで、保育はよりよく展開されます。

例えば、子どものある部分を育てたいと考えたとき、子どもの育ちを知って初めて、子どもがどういった発達段階にあるのか、どう援助していくと目指すところに到達するのかを考え、保育を進めることができるのです。

遊びにおいて、子どもが興味をもち、おもしろがって自発的に遊ぶのは、その子の発達に見合った遊びです。集中できる遊びは、子ども自身の学びにつながります。危機管理の面でも、子どもの発達を知らなければ〈体験させてよいこと〉と〈止めるべきこと〉が判断できず、大事故につながりかねません。

つまり、発達を正しく理解することで、一人ひとりに合った目標と、そのためのスモールステップが明確になり、よりよい発達への援助が行えるのです。

遊びから得た達成感が生活の充実に

遊びは、子どもになくてはならない学びの場です。

自分でやってみて、失敗して考えて、再度挑戦してみるという繰り返しから、子どもはいろいろなことを学びます。自分で学んで獲得するのは時間がかかることですが、できるようになった達成感は、なにものにも代えがたいものです。その達成感こそが、子どもの成長過程において大きな自信につながります。自信をもつことで、また次の興味や関心を抱き、挑戦し、充実した生活を送ることにつながります。

保育者は、子どもの遊びと生活を保障し、安心して成長できる環境を提供する役割を担っているのです。

クラスの様子

0歳
- ●飲む・寝る・遊ぶの安定したリズムで過ごす
- ●いろいろな味や形態、またスプーンに慣れる
- ●探索活動が活発になる

1歳
- ●好きな場所や遊びを見つけて安心する
- ●友達を意識し始める
- ●遊びの幅が広がる
- ●着替えなどに興味をもつ

2歳
- ●友達のまねをする
- ●「イヤ！」「自分で！」と自己主張が出て、ぶつかることもある
- ●身の回りのことを自分でしようとする
- ●パンツで過ごせる子もいる

3歳
- ●新入園児と進級児に生活経験の差が大きい
- ●周囲を見て「やりたい」気持ちが起きる
- ●いろいろなことに挑戦しようとする
- ●自分なりに生活を見通す
- ●基本的な生活習慣がほぼできる

4歳
- ●おもしろそう！ やってみたい！と、興味や関心が広がる
- ●友達と思いがぶつかることもある
- ●生活や遊びの決まりを守ろうとする
- ●クラスの活動を楽しむ
- ●年長への期待感でいっぱいになる

5歳
- ●年長としての自覚が芽生える
- ●生活習慣が確立する
- ●目的をもち、考えながら遊ぶ
- ●子ども同士で話し合う力がつく
- ●クラスがまとまる
- ●就学に向け、自分たちで見通しをもって生活を進める

運動機能	言語・認識	人間関係
●首が据わる ●寝返りをうつ ●はいはいをする ●つかまり立ちをする ●親指と人さし指でつまむ	●物をじっと見る ●声が出る ●喃語(なんご)が出る ●指さしの先を追う ●興味のある場所へ移動する	●動く人を目で追う ●いないいないばあを喜ぶ ●意思を伝えたがるようになる ●人見知りが始まる ●指さしが多くなる
●伝い歩きをする ●ちぎる、破る、なぐり描きをする ●歩き始める ●しゃがむ ●手をついて階段を上る	●簡単な一語文が出る ●二語文が出る ●一人遊びをする ●要求を簡単な言葉で表現する ●絵本や紙芝居に興味をもつ	●大人のまねをする ●要望を動作で伝える ●友達と手をつなぐ ●名前を呼ばれると返事をする ●簡単な挨拶をする ●笑ったり泣いたりして、感情を表す
●体を方向転換させる ●しっかりと歩く ●走ったり、跳んだりする ●のりやはさみを使う ●全身を使って遊ぶ	●言葉への興味が広がる ●三語文が出始める ●少しの間待てる ●おしゃべりが盛んになる ●盛んに質問する ●見立て遊びを楽しむ	●いわゆるイヤイヤ期 ●「自分で！」と自己主張する ●友達のそばで同じ遊びをする ●見立てやごっこ遊びをする ●簡単なルールのある遊びをする ●相手の思いに気づく
●箸を使い始める ●ボタンをはめようとする ●はさみで連続切りをする ●片足跳びをする ●目標物に向かって走る	●自分の名字と名前を言う ●大小の区別がつく ●「なぜ？」と質問する ●数の理解が進む ●乱暴な言葉づかいをまねたり、反応を楽しんだりする	●一人遊びに没頭する姿が見られる ●友達と遊ぶようになる ●けんかを通じて思いやりの気持ちが芽生える ●友達を手伝おうとする ●仲間意識が高まる
●でんぐり返しをする ●ボールの扱いが上手になる ●同時に２つの動きをする ●午睡なしで過ごせる子もいる ●縄跳びで両足跳びをする	●善悪の判断がつく ●靴の左右を正しく履く ●生活時間の理解が進む ●伝聞ができる ●文字や数へ興味が出る ●絵本やお話のイメージを広げて楽しむ	●遊びによっては特定の友達と遊びたがる ●思いやりの心が育つ ●競争心が芽生える ●自我が確立する ●約束やルールがわかり守ろうとする
●箸を使いこなす ●自分で衣服の調節を行う ●固結びができる子もいる ●側転をする ●リレー、ドッジボールをする ●自分なりの目標をもち、繰り返し取り組む	●感情の自覚とコントロールができる ●しりとりやなぞなぞを楽しむ ●不思議なことを図鑑で調べる ●生き物を飼育し観察する ●30までの数が数えられる ●左右や信号・標識の見方がわかる	●特定の仲よしができる ●けんかを話し合いで解決する ●友達の気持ちを代弁する ●ルールを作って遊べる ●共通イメージで製作できる ●見通しをもって準備や練習をする ●友達と協力して最後までやり通す

発達の姿 5歳児クラス

鈴木八重子（元 文京区立保育園 園長）

自分たちで考えて判断する姿を見守る

　5歳児は、生活習慣を含め、いろいろなことが身についてきます。できなかったことにも、諦めずに自分なりの目標をもって繰り返し取り組み、自信をつけていきます。

　これまでの体験から、先の見通しや予想を立てる力が育ち、意欲をもっていろいろなことに挑戦できるようになります。自分なりに判断したり、友達と相談したりするなど、社会性の育ちに必要な力が身につき、行動することができます。また、けんかやいざこざが起こったときに、保育者の仲立ちがなくても、当事者や周りの友達の思いや考えを受け入れながら、話し合って解決できるケースが増えてきます。

　さまざまな知識や経験を生かし、自分たちで遊びを考え、発展させ、遊び込むようになるので、とことん遊び込める場所や時間の提供が大切です。保育者のアドバイスで遊びがさらに発展することもあるので、遊びの動向を見守りながらいっしょに楽しみましょう。そのことにより、一人ひとりが満足感をもつことができ、日々の生活が充実してきます。

　自分のことだけでなく、当番活動や異年齢の子どもたちの面倒を見るなど、園全体のなかで年長としての役割を発揮します。

　思考力や認識力も高まり、自然現象や社会現象、文字や数などへの興味や関心も深まるので、保育者はさまざまな気づきや発見を受け止めながら感動を共有し、共感していきます。

　時折、身近な大人に甘え、気持ちを休めることもありますが、さまざまな経験を通して自立心がいっそう高まります。自ら考えて動けるようになる5歳児に対して、保育者は子どものできることを見守り、家庭と協力をしながら、就学を意識した生活や行動を促すようにしましょう。

保育のポイント

《 生活習慣の自立 》

清潔

○汚れた場合や体温調節のために、自分で服を着替えられるようにする。

排泄

○最後までできるよう確認する。和式トイレも使えるようにする。

着脱

○脱いだ服をきれいに畳むことや、靴下をなくさないことを促す。

食事

○食事の準備や片づけなどの当番活動を行う。また、栄養に関する話もする。

	運動機能	言語・認識	人間関係
5歳0か月	●しっかりとかんで食べようとする ●自分の食べられる量がわかる ●箸を使いこなす 	●感情の自覚とコントロールができる ●経験したことをさまざまな方法で伝えたり、遊びに取り入れたりする ●絵本や物語に親しみ、想像性豊かに表現する ●しりとりやなぞなぞを楽しむ ●知っている文字や数を使って遊ぶ **遊び** ・同じ数やひらがなカードを集める遊び。 ・手紙を書いて配達する郵便やさんごっこ。 ●ふしぎに思ったことを図鑑で調べる ●生き物を飼育し、観察する ●課題に対して自分なりに考え、友達と協力して取り組む ●時計を気にしたり、交通標識を覚えたりする ●30までの数を数えられる ●左右や信号・標識の見方がわかる 	●特定の仲よしができる **援助** ・「好きな友達」がいることを認め、十分に遊べるように配慮する。 ●けんかを話し合いで解決できる **援助** ・「どうしたかったの？」と尋ね、お互いの思いに気づけるように働きかける。 ・自分と違う考えを、受け入れようとする。 ●友達の気持ちを代弁する ●自分たちでルールを作って遊べる 
5歳6か月	●遊具の安全な使い方がわかる ●自分で衣服の調節を行う ●新しいことに挑戦しようと意欲的に取り組む ●固結びができる子もいる ●リレーやドッジボール、側転をする ●友達と競い合い、自分たちでルールを作って遊ぶ		
5歳12か月	●生活習慣が確立する **援助** ・「なぜ必要か？」がわかっているので、できるのにやらないときは、声をかけて促す。 ●自分なりの目標をもって、繰り返し取り組む		●共通のイメージをもって共同製作ができる **援助** ・子どもたちが考えて選び、遊びを見つけられるよう、いろいろな素材を用意する。 ●友達の良さに気づき、言葉で伝える ●友達と協力して最後までやり通す

就学に向けてのサポート

○「早寝・早起き・朝ごはん」で、小学校に入ったときのリズムを作る。
○昼寝の時間を徐々に短くし、静かに遊ぶ時間にしながら、眠らないで過ごす時間を増やしていく。
○小学校の体験授業や交流を通して、入学への期待を高める。
○授業中に発言したり意思を伝えたりするためにも、自信をもって卒園できるよう、最後まで一人ひとりへの適切な援助を行う。
○小学校の生活や学習について、保護者へ具体的に伝える機会をもち、入学への不安や疑問を解消する。

| 年間目標 | ●子どもが自分たちで考え、作り出す園生活を大切にする。
●環境への興味や関心を促し、関わる力を育てる。
●子どもの「育ち」や「学び」が小学校へ接続していく姿を見通す。 |

	Ⅰ期（4〜8月）	Ⅱ期（9〜10月）
子どもの姿	●5歳児クラスになった喜びや誇りを感じながら、園のリーダーとしてのいろいろな役割や活動に取り組んでいく。 ●草花や自然に触れたり、戸外でのびのびと体を動かして遊んだりするなかで、いろいろな動きに挑戦しようとする。	●友達と共通の目的をもって遊びや生活を進めるなかで、必要なルールや役割などに気づき、それを守ったり考えたり試行錯誤したりする。 ●収穫したり集めたり、それらを使って遊んだり調理したりしながら、秋の自然に触れて生活する楽しさを感じる。
ねらい	◇5歳児になった喜びを感じ、新入園児や小学生など、身近な人や環境に進んで関わっていく。 ◆遊びや生活のなかで興味をもったものから自分の課題を見つけ、それに向かって取り組む。	◇危険な場所や遊び方、災害時の行動の仕方がわかり、安全に気をつけて行動する。 ◆友達と考えを出し合い、やり方やルール、役割などについて話し合いながら、遊びや生活を進める楽しさを味わう。
内容	◇気の合った友達や保育者との関わりを通して相手の思いや考えに触れ、親しみをもつ。 ◆身近にあるいろいろな素材に関わり、試したり工夫したりして遊ぶ。 ◆動植物の誕生や成長、春から夏への季節の変化などに触れ、美しい物や不思議な物など心をひかれたことを話したり、動きにしたり、描いたり、作ったりして、自分なりに表現しようとする。 	◆協同したり競い合ったりして活動するなかで、決まりやルールを作ったり、それを守ったりする。 ◆数や量、用途などを考えて遊びや活動に必要な物を準備したり、確認したりする。 ◆秋の動植物に親しんで関わり、色や形、動きなどの特徴に関心をもったり、季節による自然や自分たちの生活の変化に気づいたりする。 
環境構成・援助	●話し合いの場や生活の振り返りを生活の流れのなかに位置づけて、計画や準備、反省を行い、行事や活動の企画や運営を意識していく。 ●道具や用具、材料などについては、「最初は簡単に片づけられてすっきり整理できること」「数や場所を確認できること」「次第に量と種類を豊富にすること」を原則とする。 ●一人ひとりが存在感を実感できるよう、個性の把握に配慮する。	●「ルールを守れる」という自尊感情を大切にしながら、子どもたちといっしょにトラブルや課題について話し合い、乗り越えていく。 ●挑戦できる活動や材料、じっくり取り組める場や時間を確保するとともに、計画や確認、必要な数や量などを意識できるようにする。 ●身近な動植物について調べたり、飼育したり収集したりできるよう、必要な環境を整える。

認定こども園等

	Ⅰ期（4〜8月）	Ⅱ期（9〜10月）
教育活動後の時間	●自分のペースでできる遊びや保育者との会話を楽しむことができるような、遊具や空間を作る。 ●自然に触れて、ゆったりとした時間を過ごせるようにする。	●ルールのある遊びを繰り返しできるようにする。 ●コアタイム（教育活動時間）で行った挑戦を継続したり、自分のやりたいことを決めたりして納得のいくまで取り組む。
環境構成・援助	●喜びを受け止めるとともに、緊張感がほぐれるようなゆったりとした空間も作り、心のバランスを保つことができるように配慮する。	●コアタイムの活動を引き継いで、挑戦したい意欲が満たされるように、教育活動時間との連携をとっていく。
子育て支援	●成長の様子を伝え、個々のペースに応じて自信をもてるように受け止めたり認めたりすることが大切であることを知らせていく。	●子どもの気持ちや興味の変化について家庭と知らせ合えるように、日々の保護者との会話をていねいにしていく。

◇…養護面のねらいや内容　◆…教育面のねらいや内容

Ⅲ期（11～12月）	Ⅳ期（1～3月）
●自分や友達の特徴や持ち味を出し合いながら、友達といっしょに新しい遊びを考えたり表現を工夫したりする。 ●絵本や物語、絵画や音楽などさまざまな文化に触れ、興味や関心をもつ。 	●共通の目的や目標に向かって力を出し合う生活のなかで、自分の成長を感じたり、周囲の人への感謝の気持ちをもったりする。 ●病気の予防や寒い季節の過ごし方に関心をもって生活し、健康で安全な態度を身につける。
◇自分の得意なことを生かしながら、友達といっしょに遊びや生活を進める楽しさを味わう。 ◆言葉に対する関心をもち、人の話をよく聞いて、相手にわかるように話す。	◇園でのいろいろな行事や活動のなかで、自分の成長を感じたり周囲の人への感謝の気持ちをもったりする。 ◆それぞれの力を出し合い、話し合ったり、役割を分担したりしながらやり遂げていく喜びを味わう。 
◇病気の予防に必要な活動を進んで行い、健康について関心をもつ。 ◆人の話を注意して聞いたり、感情を込めた言葉や論理的な言葉を使って表現したりする。 ◆絵本や物語などに親しみ、興味をもって見たり聞いたり想像したり、自分なりに絵や文字で表現したりしようとする。 ◆音色を感じながら、うたったり演奏したり身体表現したりする。 	◆友達と話し合ったり考え合ったりしながら、登場人物の気持ちや特徴を表現し、演じて遊ぶ。 ◆木の芽の息吹や風の暖かさなど、早春の環境の変化を感じたり、期待をもって観察したりする。 ◆小学校への期待や不安について話し合ったり、近くの小学校を訪れたりする。 
●絵本や物語、日常生活のなかで使われるおもしろい言葉や美しい言葉などへの気づきを大切にし、友達と伝え合えるようにする。 ●年末に向けてのさまざまな行事では、文化や暮らしにまつわるものを取り入れ、その意味や由来などについて話題にしていく。 ●うがい、手洗い、防寒など、病気の予防に必要な知識や習慣を身につけていけるよう配慮する。	●活動の目的について話し合い、役割や責任を意識し、目標をもってみんなでやり遂げる喜びが味わえるように援助する。 ●劇やオペレッタなどの創作表現に必要な道具や用具を準備し、衣装や舞台装置などを作り出していけるようにする。 ●修了に向かっての活動や行事のなかで、自分や友達の成長を感じ、周りの人に感謝の気持ちをもてるようにする。

●秋の自然を使った遊びや自分なりの活動にじっくりと取り組み、やり遂げた満足感を味わう。 ●絵本を用意して自分で字や絵を追うことを楽しむ。	●自分たちの成長を感じて自信と期待感がもてるように、生活や遊具の引き継ぎ、学童クラブなどへの見学訪問を機に、入学への期待をもつ。
●表情や言葉から心の変化をとらえて、一人ひとりの明日へのエネルギーにつながるように関わっていく。	●一人ひとりの生活を見直して生活リズムを整えることができるように配慮していく。
●読み聞かせや自然との関わりなど、豊かな体験が家庭にもつながるように生活の様子を知らせる。	●帰宅後の過ごし方について検討する機会をもつことで、入学後の安心で安全な生活につないでいく。

29

「育みたい資質・能力」を柱とした 保幼小接続 年間計画

		I期（4〜8月）	II期（9〜10月）
各期に目指すもの		●近隣の小学生や先生に親しみをもって関わり、互いの行事や合同の活動に参加するようにする。	●「○○の秋」をテーマに交流し、小学生の見方・考え方に憧れたり取り入れたりできるようにする。

接続の3つの柱（資質・能力の3つの柱）		I期（4〜8月）	II期（9〜10月）
	【A】知識及び技能の基礎 気づいたり、わかったりする	○身近な環境やいろいろな素材に関わり、その特徴や意味に気づく。	○秋の自然に関わり、季節によって自然の様子や自分たちの生活の様子に変化があることに気づく。
	【B】思考力、判断力、表現力の基礎 試したり、工夫したりする	○身近にあるいろいろな素材に関わり、試したり工夫したりして遊ぶ。	○数や量、用途などを考えて、遊びや活動に必要なものを準備したり、確認したりする。
	【C】学びに向かう力、人間性等 意欲をもって、粘り強く取り組む	○園生活のリーダーとしての意識をもったり、自分の成長を喜んだりする。	○危険な場所や遊び方、災害時の行動の仕方がわかり、安全に気をつけて行動する。

活動のなかに見られる「幼児期の終わりまでに育ってほしい姿」		I期（4〜8月）	II期（9〜10月）
	(1) 健康な心と体	・友達や保育者といっしょにのびのびと遊ぶ。【C】 ・危険な遊び方や場所、災害時の行動の仕方を知る。【A】	・運動会や秋の行事に向かう生活で、場の使い方や状況を見通して、準備したり片づけたりする。【B】
	(2) 自立心	・年長児になった喜びを感じ、進んで身近な人や環境に関わっていくなかで、自分のよさや特徴に気づく。【C】	・友達と話し合ったり、励まし合ったり、認め合ったりしながら運動会や秋の行事をやり遂げていく。【C】
	(3) 協同性	・気の合った友達や保育者との関わりを通して、相手の思いや考えに触れ親しみをもつ。【A】	・友達と共通の目標をもって運動会や行事に取り組み、自分の役割や仕事を進めていく。【C】
	(4) 道徳性・規範意識の芽生え	・新入園児を迎えたり援助したりしながら、園生活のリーダーとしての意識をもつ。【C】	・運動会や秋の行事のなかで、ルールやきまりを守って楽しんだり、道具や用具を大切に使ったりする。【B】
	(5) 社会生活との関わり	・遠足や買い物など、地域の人と触れ合う。【A】【C】 ・園行事において国旗や国歌に親しむ。【A】	・テレビやラジオ、インターネットなどから、台風をはじめとする自然災害の情報を知る。【A】
	(6) 思考力の芽生え	・友達や保育者といっしょに行事などの計画を立てたり、振り返ったりして、興味や関心を深める。【B】	・皆が楽しめる運動会を企画したり、秋の自然物を使って遊具や造形作品を作ったりする。【B】
	(7) 自然との関わり・生命尊重	・栽培や草花遊びをしたり、身近な小動物などに親しみをもって関わったり世話をしたりする。【A】	・稲や芋などの栽培植物を収穫したり、木の実などを使って遊ぶなかで、その特徴に気づいたり生命のつながりを感じたりする。【A】
	(8) 数量や図形、標識や文字などへの関心・感覚	・カレー作りなどで、数や量を考え準備をする。【B】 ・母の日のメッセージや絵本作りなど、思いを込めて書いたり作ったりする。【B】	・運動会に取り組むなかで、文字を書いたり、必要な量や数を数えたりする。【B】
	(9) 言葉による伝え合い	・気の合った友達や保育者との言葉のやりとりを通して、相手の思いや考えに触れ、関心をもつ。【A】	・相手の話を聞いたり、自分の思いや考えなどを相手や状況に応じて話したりして、考えをまとめ、深める。【B】
	(10) 豊かな感性と表現	・生活のなかのさまざまな音や色、形、感触、動きなどに興味をもち、イメージを膨らませたり表現したりする。【B】	・運動会のパフォーマンスなどを友達といっしょに工夫し、創造的な活動を生み出していく。【B】

※文末の【A】【B】【C】は、上段の「接続の3つの柱」のカテゴリーを表しています。

年間目標	●身近な環境に主体的に関わり、環境との関わり方や意味に気づき、これらを取り込もうと試行錯誤したり考えたりする態度を育てる。

Ⅲ期（11〜12月）	Ⅳ期（1〜3月）
●就学に向けて、学習や小学校生活への不安や緊張をほぐし、期待や見通しがもてるようにする。 ●小学校との合同活動を計画したり、小学校の先生をゲストティーチャーとして迎え、幼児や保護者が話を聞く機会をつくる。	●「幼児期の終わりまでに育ってほしい姿」から、幼児の資質・能力の育ちをしっかりと捉え直す。 ●小学校の施設や教室を訪問したりして、小学校生活への期待が高まるようにする。
○生活のなかで、文字や数や表示や標識などに関心をもって使いながら、適当な表現方法などを知る。	○園生活のまとめや引き継ぎのなかで、きまりの大切さを知り、友達と話し合ったり守ろうとしたりする。
○友達といっしょに新しい遊びや遊びのルールを考え、試したり工夫したりしながら進めていく。	○いろいろな表現を話し合ったり試行錯誤したりしながら、共通のテーマのもとに、まとまりのある活動を創り出す。
○生活のなかの情報を伝え合ったり、共同で製作したりして友達といっしょに取り組む楽しさを味わう。	○修了に向けての活動や行事などのなかで、自分や友達の成長を感じ、感謝の気持ちをもつ。

・マラソン、縄跳び、こま回し、一輪車など、自分の課題をもって根気強く取り組んだり、困難を乗り越えたりする。【C】	・集団生活で必要な行動を見通して積極的に活動に取り組み、小さい組の子どもたちに園生活や場の使い方を伝える。【A】【C】
・友達や1年生といっしょに競い合ったり、力を合わせて活動する楽しさや満足感、達成感を味わう。【A】	・やりがいや責任感をもって表現会や修了式などを皆で創り上げ、自信をもつ。【C】
・合奏やフォークダンスなど、自分の得意なことを生かしたり友達のよさを知りながら、皆で進めていく。【B】	・個々の持ち味やよさを出し合いながら、学級全体で表現会や修了行事などに取り組む。【C】
・1年生との活動や皆でする合奏などの活動で、相手を理解し、相手の気持ちを大切に考える。【C】	・自分の気持ちを整理したり、友達と折り合いを付けながら周囲との関わりを深め、修了に向かう生活を楽しむ。【C】
・年の暮れの街の様子や生活の変化に関心をもち、地域の年越しの伝統的な文化に親しむ。【A】	・公共の施設を大切に使い、お別れ遠足などを楽しむ。【C】 ・修了に際して、親や祖父母などの愛情を感じ、家族を大切にしようとする。【C】
・遊びやゲームの説明やルールを理解したり、冬の自然現象の因果関係について考えたりする。【A】	・さまざまな楽器、道具や用具の特性や仕組みを生かして使いこなし、予想したり工夫したりして作る。【B】
・木の実や落ち葉などを使っていろいろなものを作ったり、冬の日の光や氷などの事象を楽しんだりする。【B】	・草木の芽吹きや気温の変化など早春に向かう自然の変化を感じ、好奇心や探究心をもつ。【A】
・サッカーやドッジボールなど、得点やチームの人数を数えたり比べたりして遊ぶ楽しさを味わう。【B】	・オセロ、将棋、トランプ、かるた、すごろくなどのゲームのなかで、数えたり比べたりして競って遊ぶ。【B】
・絵本を作ったり、劇や言葉遊びなどをするなかで、言葉の美しさや意味を感じ、新しい言葉を知ろうとする。【A】	・修了に向かう生活のなかで、言葉を通して心を通わせたり、思いを込めて文字に表したりする。【B】
・劇遊びやペープサートなど、動きや言葉などで表現したり、演じて遊んだりする喜びを味わう。【B】	・表現会や修了に向けての行事のなかで、自分の表現が認められる喜びを感じ、創意工夫する。【B】

31

食育 年間計画

| 年間目標 | ●健やかな心と体の基となる「食」を、生活や遊びのなかで十分に体験する。 |

	4月	5月	6月	7月	8月	9月
ねらい	●進級した喜びと同時に不安をもちながらも、保育者や友達と楽しく昼食やおやつを食べる。	●新入園児に「おやつの部屋」（※注）の使い方を教え、年長になった自分に喜びや自信をもつ。	●楽しく調理（カレーライス）を体験するなかで、食材に親しむ。 ●みんなで話し合い、見通しをもって計画的に準備する。	●リーダーシップを発揮しながら、小さい組や保育者、保護者など、いろいろな人と関わりながら食べることに、楽しみを感じる。		●食材を切ったり、量ったり、こねたりすることを楽しむ。
内容	●園で収穫したいちごで、ジャムを作る。 ●配膳や洗い物をしたり、小さい組の子どもたちにおやつを優しく配ったりする。 ●手洗い・歯磨きのモデルを小さい子に示すことで、食を通じて年長になった喜びを感じる。	●ボランティアの保護者といっしょにおやつ作りをする。 ●新入園児に「おやつの部屋」の使い方を教える。 ●おやつのセッティングなどをする。 ●友達や保育者、保護者といっしょに楽しくおやつを食べる。	●園で育てた野菜を使って、カレーライスを作る。 ●準備の段階からみんなで話し合って、必要な調理器具を準備したり、食材を買い出しに行ったりすることを、見通しをもって計画的に行う。	●うめシロップなど、手作りのシロップを適度に薄めて、ちょうどいい濃さのジュースを作ってみる。 ●「おやつの部屋」で会った保育者や保護者、友達といっしょに、楽しくおやつを食べる。 ●洗い物や片づけを手伝う。 ●自分で、適宜、水分補給をして休憩する。		●お月見だんごを作る。 ●焼いたり揚げたりすると、素材の性質が変化することに気づく。 ●手作りのジュースを味わったり、つぎ分けたりする。
環境構成・援助	●幼児個々の思いを受け止めるようにする。 ●幼児が、ほっとひと息つく時間をもつことで安定感をもてるよう、あたたかい姿勢でゆったりと関わっていく。	●おやつの準備をしている人への感謝の気持ちをそれぞれの表情や言葉で伝えられるよう、見守ったり、助言したりする。	●園で収穫した野菜を調理し、ともに食する経験を通して、「自然の恵み」への感謝の気持ちが感じられるように関わっていく。 ●食中毒の起きやすい時期なので、場・用具・手指などの消毒・衛生に特に注意する。	●周りの人の存在を感じながら、楽しく和やかにおやつが食べられるよう、話題や雰囲気作りにも配慮する。 ●味・色・におい・感触・歯応えなどから、食材や調理方法、栄養などに気づけるよう、食材カードやディスプレイを工夫する。 ●保育者がする洗い物や片づけを、いっしょに手伝ってもらうように声かけをする。		●中秋の名月にちなんで、玄関や「おやつの部屋」に、すすきなどの植物を使って、初秋の風情を施し、お月見の雰囲気を盛り上げる。 ●数量感覚や素材の化学的変化などへの気づきを大切にし、共感していく。
家庭・地域との連携	●養護教諭を交えて食物アレルギーに関して保護者に話す場をもち、子どものアレルギーを確認し、共通理解をもつようにする。	●「おやつの部屋」に参加してくれる保護者（ボランティア）に感謝を伝えたり、子どもの成長に気づくようなアドバイスをしたりする。	●食材を買い出しに行くことで社会との関わりを学ぶ経験をする。 ●園で行った調理を家庭でもやろうとする気持ちを大切にしてもらう。	●旬の果物を使い、簡単にできるジュースやジャム、おやつなどの作り方を、お便りなどで保護者に紹介し、子どもといっしょに家庭でも作ってもらうようにする。		●農村では、お月見に豊作への期待や祈りが込められている場合もある。お年寄りに園へ来てもらい、そうした話をしてもらってもよい。

※おやつの部屋・・・簡単な調理設備を備えた部屋で、保育者や保護者といっしょに調理したり、テーブルで食事をしたりできる部屋。

10月	11月	12月	1月	2月	3月
●友達と手順を相談し、見通しをもって準備から調理までを計画的に行う。	●地域の人々、小さい組の子どもたち、小学生など、さまざまな人と関わり合う喜びを感じる。	●年の暮れにまつわる食べ物を味わい、年越しの行事や伝統文化に関心をもつ。	●正月特有の食べ物を味わうことで、日本の伝統文化を感じる。	●おやつや昼食の中身を見て、自分たちの体を作る栄養素との関係に興味をもつ。	●園で収穫した野菜を食べることで、自然の恵みに感謝の気持ちをもつ。
●運動会の種目「クッキー競走」で使用するクッキーを作る。 ●保護者も加わって、350枚を焼き、1枚1枚袋詰めする。 ●活動に見通しをもって取り組む。	●隣接する小学校の1年生といっしょに植えたさつまいもを収穫し、スイートポテトなどを調理して食べる。 ●食材の皮をむいたり、切ったり、つぶしたりすることを楽しむ。	●保育者といっしょに玄関ホールやおやつの部屋の環境を整えたり、飾ったりする。 ●飾られたものを見たり触れたりすることで、年末年始の行事への興味や、冬から"新春"への季節感を感じたりする。	●年が明け、七草がゆ・鏡開きなどの行事にちなんだ食べ物を味わい、それらの意味や由来を知ったり考えたりする。 ●収穫した大根の皮をむき、天日に干し、伝統的保存食である「干し大根」を作る。	●おやつを適量皿に分け並べたり、飲み物をつぐ係になるなどして、自作のおやつを小さい組の子どもたちに食べてもらう喜びを味わう。 ●自分の弁当に入っているものを、食材カードを使って友達に知らせたり、その栄養素の役割などについて考えたりする。	●園で育てた野菜を自ら調理し、周りの人とともに食べる経験を通して、自然の恵みへ感謝する。 ●感謝の気持ちを言葉で表したり、製作物に気持ちを込めたりする。
●調理の過程で、数量感覚、食材の性質の変化などへの気づきが幼児に見られるときには、それを意識づけたり、互いに発見の感動を共有できるように配慮する。	●飲み物をつぎ分けたり、数や大小にこだわっておやつを選ぶなかにある数量感覚の芽生えを大切に見守り、共感していく。 ●調理用具の安全な使い方に留意し、けがや事故のないように配慮する。	●歳末の暮らし方のなかに、日本の伝統的な行事とその背景にある文化や季節感などを織り込み、ともに楽しく経験することで、感じたり知ったりしていけるよう配慮する。	●「干し大根」は、冬の伝統的な保存食で、干すことで栄養価・味・保存性が上がる。こうした先人の知恵も、IT機器を活用するなどして、わかりやすく説明する。	●楽しく和やかなおやつのひとときを過ごせるよう、あたたかい雰囲気づくりにも気を配る。	●1年の締めくくりともいえるこの時期に、食べること、調理することの楽しさを体験することで培った「食」への興味や関心がこれからも継続していくように、楽しい雰囲気作りを心がけていく。
●クッキー作りを手伝ってもらった保護者へ、感謝の気持ちを言葉で伝えるよう、子どもたちに気づかせていく。	●食材をいただく地域の人や、ボランティアの方への感謝の気持ちをもち、それを伝えていくようにする。	●年末年始の行事のしつらえ（餅つき・クリスマスツリー・正月飾り）などを、家庭に持ち帰ったり、家庭で作ったり飾ったりしてもらう。	●歯磨きやうがいは、食後すぐに行うことが効果的であることを家庭にも伝え、家でも継続してもらう。	●成長のためにはバランスのよい食事が大切なことを家庭にも伝える。小学校の給食に不安をもっている家庭がないか、気を配る。	●ずっと昼食やおやつを作ってくれた人への感謝を、言葉や手紙、また「感謝の茶会」を開いて表現する。

保健 年間計画

年間目標	●健康、安全な生活に必要な習慣や態度を身につける。 ●自分の体や健康に関心をもち、病気やけがの予防に必要な活動を進んで行う。

	目標	保健行事	内容
4月	●自分の体に興味をもち、健康診断を進んで受けようとする。	●身体測定	●正しい測定の仕方を説明し、静かに測定ができるようにする。また、体の成長の喜びを感じとれるようにする。
5月	●健康診断を受ける。 ●保護者との相談の場を設ける。	●眼科検診、耳鼻科検診、内科検診、視力検査、聴力検査	●幼児の体や心の健康について、悩みがあれば、養護教諭が応じることができるよう、健康相談の場を設ける。
6月	●歯の大切さを知り、虫歯予防の習慣や態度を身につける。	●歯科検診 ●歯の健康のお話	●歯磨きをしている様子を見ながら、磨き方や力の加減を確認し、歯や口の中を清潔に保つことの大切さを知らせる。
7月	●水遊び前後のシャワーや消毒などの衛生に気をつける。		●伝染性の疾患を予防したり、皮膚のケアのため、プールで遊んだあとは目を洗ったり、シャワーを浴びるなどする。
8月	●水分補給の必要性や汗の放置が皮膚疾患などにつながることを知らせ、適切な対応を促す。		●必要なときに持参した水筒のお茶を飲んだり、「おやつの部屋」に行きお茶や牛乳を飲んだりして、水分の補給をする。
9月	●規則正しい生活をし、残暑のなかを健康的に過ごす。	●身体測定	●日射病を予防するために、屋外に行くときは帽子をかぶる。必要なときに、適宜水分の補給をする。
10月	●目の大切さを知る。	●目の健康のお話 ●視力・聴力検査	●悪い姿勢で本を読んだり、暗い部屋でゲームを続けることは目に良くないことを知らせる。
11月	●丈夫な体を作るために、好き嫌いなく食べようとする。	●健康な体作りのための食べ物や栄養についてのお話	●就学時の健康診断は指定された小学校で受診しなければならないことを保護者に伝え、子どもの健康状態をチェックするとともに基本的生活習慣を見直すよい機会とする。
12月	●かぜやインフルエンザの予防をする。	●インフルエンザ予防のためのお話	●かぜやインフルエンザ、その他の感染症の予防には、うがい・手洗いが大切であることを知らせ、進んで実行できるようにさせる。 ●登園時、食事前、外出のあとは、速乾性手指消毒剤で手指を消毒するよう声をかける。
1月	●早寝・早起きや、バランスのよい食事などを心がける。	●身体測定	●手洗い・うがいの大切さを知り、実行できるようにする。 ●規則正しい生活ができるよう、保護者にも伝える。
2月	●体調や気温などに合わせて、衣服の着脱や調整をする。		●衣服の着脱や防寒着による調節の大切さを伝える。 ●汗をかいたあと、衣服の着替えができるように促す。 ●気温などに合わせて防寒着の着脱ができるように促す。
3月	●健康な生活について振り返り、自分の成長を喜ぶ。	●耳のお話	●個々の成長の記録を配布し、身長や体重がどれだけ大きくなったかを知らせ、ともに成長の喜びを感じる。

防災・安全 年間計画

年間目標
- ●災害の危険、怖さについて知り、命を守る行動の仕方を身につける。
- ●交通事故や不審者など身の回りの危険を知り、身近な大人と適切に行動する。

	想定	時間	内容	ポイント
5月	地震	11:00〜12:00	●地震を知らせる警報ベルの音を聞き、近くの保育者のそばに集まる。	●警報ベルの音を知り、身の危険を感じとり、近くの保育者の所に落ち着いて集まる行動を確認する。
	交通安全	9:00〜12:00	●親子遠足を利用し、保護者といっしょに交通ルールや安全な歩行の仕方について話を聞き、親子で実践する。	●事故の防ぎ方や交通ルールについて理解できるように、親子遠足の機会を利用して、保護者も意識できるよう促す。
6月	不審者	11:00〜12:00	●不審者侵入を知らせる警報（決められた音楽など）を聞き、保育者の指示に従って安全な場所に避難する。	●不審者を刺激しないように避難することや、保育者を信じて静かに行動することを確認する。
7月	交通安全	10:00〜12:00	●専門の交通安全指導員を招へいし、安全な歩行の訓練をしたり、安全確認動作について体験したりする。	●子どもたちだけで横断歩道を渡るという想定で、安全な歩行に必要な確認動作や信号機のしくみを知る。
	休み中の安全		●夏休みにおける外出時の注意事項や、被害の多い場所などの情報について保護者に伝達する。	●「夏休みの過ごし方」などの配布物のなかでわかりやすく説明するとともに、担任からも口頭で伝達するなど重ねて注意を促す。
8月	緊急メール		●台風などによる警報発令が多い時期なので、保護者向けに緊急の休園通知メールの模擬送信などを行い、不測の場合に備える。	●地震や津波、災害時の緊急メールが常に保護者に行き渡っているかの確認をしておく。
9月	地震・火災など	10:00〜12:00	●地震から火災発生を想定した避難訓練を行う。落下物から身を守ったあと、火災発生のアナウンスに従って、保育者の指示に従い、落ちついて避難場所まで避難する。	●地震から身の安全を守ったあと、どのように火災から身を守るかという、連動した危険に備える意識をもち、落ち着いて指示を聞けるようにする。
11月	地震・津波	10:00〜12:00	●地震から津波発生を想定した避難訓練を行う。落下物や家具から身を守ったあと、津波発生のアナウンスに従って、避難場所や高台まで避難する。	●地震から身の安全を守ったあと、どのように津波から身を守るかという、連動した危険に備える意識をもち、落ち着いて指示を聞けるようにする。
1月	地震・津波	10:00〜12:00	●隣接する小学校との合同避難訓練。地震のあとの大津波を想定し、小学生の援助も得ながら校舎3階まで避難する。	●小学校と連携し、災害時の対応や相互援助の方法を確認しておく。
3月	交通安全・不審者		●4月から小学校に入学することを踏まえて、保護者といっしょに登校のルートを確認しながら、安全に登校する練習をする。	●登校のルートを決めるときには、誘拐や事故に巻き込まれる可能性のある所は避ける。また、緊急時の避難場所として、こども110番や公共の場所を確認しておく。

月案	p38
週案	p40
日案	p42
保育の展開	p60

子どもの姿と保育のポイント

新しい環境のなか、子どもとの出会いを大切に

　5歳児クラスになった晴れやかな気持ちと、担任や保育室の環境が変わったりして、ちょっぴり不安な気持ちが入りまじった子どもたち。

　新しい担任との場合は特にそうですが、子どもたちはさまざまに自分の「今」の心情や期待、心に抱える課題などを表現してきます。

　いよいよ1年にわたる子どもたちとの生活のスタートです。子どもに応じながら「その行動をすることで、なにを得ようとしているのかな？」「なにを伝えたいのかな？」という積極的な関心を向けていきましょう。

　子どもたちの行動の奥にある心を見ていると、自然と互いの心が開けてきて、「わたし」と「あなた」の関係が築かれ始めます。信頼関係への第一歩です。

園のリーダーとしてのやる気を支える

　園のリーダーとしての期待や責任を感じながら、少し勇気を出して歩み出す姿を支えていきましょう。

　初めて使うものについては、子どもたちといっしょに使いながら、その使い方や性質が伝わるようにします。また、活動のなかでは、「こんなことができるようになった！」という喜びや自信を感じられるように配慮しましょう。

　大型遊具を使ったり、難しいことに挑戦したりする喜びに共感しながら、安全な遊び方や責任をもった対処ができるようにサポートします。また、帰りの集まりの場などで、「今日困ったこと」や「見つけたこと」について子どもたちの話を聞き、みんなで話し合ったり、情報として伝え合ったりすると、クラスのコミュニケーションが早く生まれます。

今月の保育ピックアップ

新要領・新指針の視点で

4月

子どもの活動
最終学年5歳児クラス、1年のスタート

人との関わりのなかで自分の成長を感じ、さまざまな環境との関わりのなかで「考えて試す」楽しみを味わいます。

保育者の援助
リーダーとして園の生活や行事を進めていく

年長として、新入園児の不安な気持ちや喜ぶ姿を想像しながら、行事や遊びを計画していきます。これまでの参加する立場から、企画や運営をする立場になれるように、保育者は子どもたちを支えていくことが大切です。

`道徳・規範` `思考力`

4月のテーマ

5歳児クラスになった喜びを感じながら、いろいろな環境や人（保育者や友達、新入園児）に関わっていく。

保育者の援助
保育者がモデルになる

保育者が生活行動のモデルになり、子どもたちが「こうすればいいんだ」と考えた気づきや行動の仕方を、皆に認められるように披露します。例えば、時間的見通しをもった活動の優先順位づけや、保育者同士が協力する姿などです。`思考力`

これもおさえたい！
やる気と自尊感情を育てよう

活動の過程や終了後に「大きい組になったんだ」という実感がもてるよう援助することが大切です。子どもたちとの行事の準備や相談などは短時間に集中して行い、初めは少しのがんばりで成果が見えやすい活動を選択しましょう。`自立心`

＊文末の `自立心` `協同性` `思考力` などは、その活動のなかに見られる「幼児期の終わりまでに育ってほしい姿」を表しています（30ページ参照）。

4月 月案

予想される子どもの姿
- 5歳児クラスになった喜びを言葉や態度で表現しながら、新しい担任や身近な人に関わっていく。
- 昨年自分たちが見てきた5歳児の姿を頭に描いて新入園児の世話をしたり、大きな遊具や技巧性の必要な遊具を使って遊ぶ姿が見られる。

＊表中の 自立心 協同性 思考力 などは、その活動のなかに見られる「幼児期の終わりまでに育ってほしい姿」を表しています（30ページ参照）。

	ねらい	子どもの活動内容
養護	◇担任の保育者に関心をもって接し、話したり話を聞いたりする。 ◇新入園児の生活を助け、自分の成長や役に立つ喜びを感じる。	◇新しい担任の保育者やクラスの友達、環境に関心をもって関わる。 ◇新入園児の生活を助け、自分の成長や役に立つ喜びを感じる。 自立心 道徳・規範 
教育	◆保育者や友達と、新入園児を迎える計画や準備をする。 ◆保育者や友達といっしょに遊ぶ楽しさを味わう。 ◆大型の遊具などを用いて、保育者や友達と工夫して遊ぶ。 ◆身近にあるいろいろな材料を使って作ったり、遊んだりする。 ◆園内オリエンテーリングをしながら、いろいろな園環境の意味や使い方、園生活のルールなどについて意識する。	◆保育者や友達と話し合って、園内の遊び場や遊具、その他重要だと思われる所をチェックポイントとして抜き出し、オリエンテーリングマップを作る。 数量・図形・文字 ◆降園前のひとときに、みんなでうたったり、ゲームやリズム遊びをしたりする。 ◆大型の積み木や巧技台、段ボールなどを使って遊び場を作り、体を使って遊ぶ。 ◆草花を使ってままごとをしたり、身につけるものを作って飾ったりする。 自然・生命 ◆新入園児とペアになって園内の各チェックポイントを巡り、その場の名前や使い方、遊び方などを伝えていく。 道徳・規範 
教育活動後の時間	**認定こども園等** ●5歳児として、憧れていた生活が自分たちで実現できることを喜び、期待感をもつ。 ●生活の変化に慣れ、安心して自分の気持ちを表す。	●5歳児用の遊具や遊び場の使い方を知り、使って遊ぶことを楽しむ。 ●自分の生活のなかの分担（おやつの配膳、片づけ、掃除など）を知り、やり方を理解し取り組む。 ●自分のやりたい遊びを見つけて、じっくりと取り組む。

保幼小連携
★近くの小学校の教師といっしょに、長期、短期の活動の計画を立てるなどの話し合いの機会をもち、1年生の様子を聞いたり、園でのさまざまな体験やエピソードを話したりするなどして、互いに情報を交換する。
★保育者と教師が親しみをもち、それぞれの教育内容などへの好奇心をもって臨む。

子育て支援・家庭との連携
●新しい担任の保育者や就学への不安をもつ保護者も多いが、まずは進級初めにクラスや子どもたち一人ひとりに対する思いを伝える。そのあと少人数ずつ、園でのエピソードを肯定的に話すなどして、徐々に信頼関係を築いていくようにする。

今月の保育のねらい

- 5歳児クラスになった喜びを感じながら生活する。
- 新緑の木々や草木など春の自然に触れて遊ぶ。
- 園行事の意味や仕方について関心をもって取り組む。

行事予定

- 始業式　　●入園式
- 園内オリエンテーリング
- 身体測定
- ★「園で遊ぼう」(1年生との活動)

◇…養護面のねらいや活動　◆…教育面のねらいや活動　★…保幼小接続関連活動

保育者の援助と環境構成

◇子どもの話そうとする気持ちを大切に受け止めながら、よく話を聞き、信頼関係を作るようにする。

◆子どもたちが行事の意味について理解できるようにする。また、生活の場の使い方や遊び方についても話し合い、確認する。 `健康`

◆みんなでうたったり、ゲームや伝承遊びをしたり、絵本を読んだりして、「楽しかった」と感じられるようにする。伝承遊びは、新入園児たちを誘って遊ぶときのリハーサルになるようにする。

◆「1人の力だけではできない」「仲間と力を合わせて取り組むことがおもしろい」という気持ちを感じられるように、少し抵抗感のある大型の積み木や巧技台、段ボール箱を用意し、子どもたちと安全を確かめながら作ったり活動したり片づけたりする。 `協同性`

◆遊び込むうちに、自然にバランスや巧緻性、敏捷性などが鍛えられるように配置を工夫するとともに、安全に配慮する。

●5歳児の生活の仕方について具体的にわかるように、行動をともにして知らせたり、表示を作り、生活の流れや場所の使い方を知らせたりする。 `自立心`

●一人ひとりの気持ちを十分に受け止め、緊張感を和らげることができるようにする。

保育資料

【うた・手遊び・リズム遊び】
- せんせいとお友だち
- おはながわらった　・たんぽぽ
- 絵本『もこ もこもこ』からの表現遊び
- 猛獣狩りに行こう（リズム遊び）

【自然遊び】
- 桜の花吹雪や水中花
- たんぽぽの笛や水車
- れんげやたんぽぽの首飾り
- だんごむし探し

【運動遊び・伝承遊び】
- じゃんけん陣取り　・かもつれっしゃ
- ねことねずみ　・はないちもんめ
- かごめかごめ　・あぶくたった
- サッカー

【表現・造形遊び（絵画製作）】
- チューリップの籠　・ちぎり絵
- 輪つなぎ　・押し花

【絵本・物語】
絵本
- はらぺこあおむし
- ともだちや
- もこ もこもこ

図鑑
- あげはのへんしん
- ぼくはざりがに

▷…子どもの育ちを捉える視点　▶…自らの保育を振り返る視点

今月の食育

- 進級した喜びとともに不安をもっているので、気の合う友達といっしょにひと息入れながらおやつを食べる時間を設けて、心を安定させる。
- 配膳や洗い物をする、3歳児に優しくおやつを配る、手洗いや歯磨きのモデルになるなど、食を通じて5歳児の自覚を感じる活動を盛り込む。

自己評価の視点

▷いろいろな環境物や人に関心をもって関わっていたか。
▷5歳児になった喜びを感じていたか。
▶魅力ある春の自然を遊びに取り入れて、用具や遊具を準備できていたか。
▶園行事の意味や仕方についてよく伝えられたか。

＊表中の 自立心 協同性 思考力 などは、その活動のなかに見られる「幼児期の終わりまでに育ってほしい姿」を表しています（30ページ参照）。

	第1週	第2週
ねらい	〈新学期の準備として〉 ■前年度（4歳児）の指導要録を読んで、子どもたち一人ひとりの育ちの状況や課題をつかむ。子どもに関することでは、前任者が捉えた性格、癖、友達関係、得意なこと、苦手なこと、アレルギーなどの健康面のことなど。保護者に関することでは、子どもへの期待、園への期待、生活信条や悩みなど。 ■そして、これらの情報から仮説的に「クラスの指導の重点」をもつ。	◇担任の保育者に関心をもって接し、話したり話を聞いたりする。 ◆保育者や友達といっしょに遊ぶ楽しさを味わう。 ◆保育者や友達と新入園児を迎える計画を立て、準備をする。
活動内容	〈準備期間の留意点〉 4月は名簿の作成や諸帳簿の準備、出席帳や連絡帳、保育室の環境作りなど、多忙を極めます。準備作業のなかで、クラス経営のマネジメント意識を見失わないようにがんばりましょう。 また、保育者はクラス経営の方針や目標という明確なものでなくてもよいので、「子どもたちの成長への願い」や「思い」の方向を伝え、ともに成長する1年のスタートを切るようにします。この1年間何を大切に生活し、どんな行事があって、どんな姿で園を巣立っていくのか？　そのとき子どもたちはどんな「生きる力」を身につけているのかをイメージしましょう。	◇新しい担任の保育者や友達、クラスの環境に関心をもって関わる。 ◆降園前のひとときに、みんなでうたったり、ゲームをしたり、リズム遊びをしたりする。 ◆昨年の5歳児たちがしていた遊びや活動を、自分たちもしてみようとする。 ◆描いたり作ったりした物で、新入園児たちの保育室を飾ったり、会場に花を生けたり、輪飾りを作って飾ったりして、入園式の準備を手伝う。 思考力 
援助と環境構成		●子どもたちの話そうとする気持ちを大切に受け止めながら、よく話を聞いて信頼関係を作るようにする。 ●みんなでうたったり、ゲームをしたり、絵本を読んだりして、「楽しかった」と感じられるようにする。運動能力などに関係なく誰にでもチャンスが巡ってくるじゃんけんゲームや、新入園児を誘ってできそうな伝承遊びなどは、特におすすめの活動である。 ●子どもたちが行事の意味について理解できるようにする。「なぜするのか」「どんな体験ができるか」「どんな準備をするか」などを話し合って考える。

認定こども園等

	第1週	第2週
教育活動後の時間	●5歳児として、自分のたちの使う場所や使う遊具、用具について知り、安心して生活をする。 ●草花や日差しなどの変化に気づいて、春の訪れを感じ、新しい季節や生活が始まったうれしさを感じる。	●5歳児として張り切って、新入園児の世話をするうれしさを感じる。 道徳・規範 ●気の合う友達といっしょに同じ場所で同じ遊びをするなど、自分のやりたいことを楽しむ。
援助と環境構成	●不安や期待感を生活のなかで安心感に変えていくように、生活の仕方を一人ひとりの気持ちを受け止めながら知らせる。 ●春の自然を感じたり体を動かしたりして、保育者や友達と遊ぶことを楽しむ。	●新入園児の世話や5歳児としての活動が無理なくでき、喜びにつながるように、内容を整理してやり方を知らせ、取り組んでいる様子をほめる。 ●自分の思いが満たされる時間や場所、遊具を用意する。

◇…養護面のねらいや活動　◆…教育面のねらいや活動　★…保幼小接続関連活動

第3週	第4週
◇新入園児の生活を助けることで、自分の成長や役に立っている喜びを感じる。`自立心` ◆大型の遊具などを用いて、保育者や友達と工夫して遊ぶ。 ◆身近にあるいろいろな材料を使って、作ったり遊んだりする。	◆園内オリエンテーリングをしながら、いろいろな園環境の意味や使い方、園生活のルールなどについて意識する。`道徳・規範`
◇新入園児の迎え入れや持ち物の始末、片づけなどを手伝う。`道徳・規範` ◆大型の積み木や巧技台、大型段ボールなどを使って遊び場を作り、体を使って遊ぶ。 ◆草花を使ってままごとをしたり、身につけるものを作って飾る。`感性・表現` ◆友達や新入園児を誘って、伝承遊びやゲームを楽しむ。 ◆保育者や友達と話し合って、園内の遊び場や遊具などをチェックポイントとして、オリエンテーリングマップを作る。`数量・図形・文字`	★友達や新入園児、または園に遊びに来てもらった1年生たちと、じゃんけん陣取りをしたり、伝承遊びをしたりする。 ◆オリエンテーリングでは、新入園児とペアになって園内の各チェックポイントを巡り、シールやスタンプなどをマップに貼っていく。保健室やおやつの部屋、絵本の部屋などの利用の仕方も、5歳児が手本になって伝えていくようにする。 ◆園庭や花壇の花の水やりをしたり、花瓶に飾ったりする。`自立心`
●仲間と力を合わせて取り組むことがおもしろくなるよう、1人では扱いづらい大型の積み木や巧技台、段ボール箱を用意し、子どもたちと安全を確かめながら活動したり片づけたりする。`協同性` ●新入園児を誘ってする伝承遊びやゲームなどは、前日までに十分楽しんだものにすると、遊び方を熟知しているので、5歳児のやる気が発揮される。 ●オリエンテーリングの準備や話し合いをするなかで、それぞれの場の意味やいわれ、使い方などについて、子どもたち自身が確認していけるようにする。	●子どもたち自身が自分で判断して挑戦したりやり直したりできるよう、難度の違いをつけてともに試行を繰り返すようにする。「こうすると、こうなる」という試行と探究の基礎を養うことに留意する。`思考力` ●オリエンテーリングの日程は、新入園児のゆっくりとしたペースに合わせられるようにする。また、子どもたちが体験したこともミーティングで伝え合うようにする。園長室では園長が記念写真を撮って、あとでマップに貼ると、子どもたちも保護者も喜び安心する。
●春の自然のなかで、自分なりに試したり思い切り体を動かしたりして遊ぶ。`健康` ●絵を描く、小さいブロックを組み合わせて遊ぶ、空き箱などを使って製作をするなど、自分の好きな遊びを十分に楽しむ。	●おやつの配膳を自分たちで進めるために必要なことを、友達といっしょに考えて進めようとする。 ●ボランティアによる絵本の読み聞かせを楽しんだり、自分の好きな絵本をじっくり楽しんだりする。
●春の心地よさを味わうことで開放感を感じ、明日へのエネルギーを蓄えることができるような時間を作る。 ●年長児としての緊張感から解放されて、自分のペースで遊ぶことができる遊具を用意する。	●話の内容を整理して、自分たちでできる喜びを味わうことができるようにする。 ●一人ひとりの表情や言動を見ながら、気持ちを休ませることのできる空間や場所を作り、保育者が気持ちを受け止める。

幼稚園の例

4月 日案
4月10日(火)

前日までの子どもの姿	●新しい担任と、親しみを込めて挨拶をしたり、遊びに誘ったりするようになる。また、「もうすぐ新しい仲間がやってくる」と、新入園児たちを心待ちにしながら、入園式などの準備を保育者たちといっしょに進めている。

ねらい	●5歳児クラスになった喜びを感じながら、保育者や友達といろいろな活動を楽しむ。	主な活動	●サッカー ●リズム遊び「猛獣狩りに行こう」

時間	子どもの活動内容	保育者の援助	環境構成など
9:00	●登園する。 　挨拶をして、持ち物の始末をする。 <好きな遊びをする> ●保育者や友達を誘ってサッカーをする。 ・友達と誘い合ってメンバーを集める。強いチームを作ろうとしたり、よく似た力関係のチームで接戦を求めたりする。 ・走りながらボールを蹴ったり、相手のボールをとったりするなど、動きながらボールを捉える。正確なキックをしようとするときはボールをトラップして止めたりするなど、相手との距離や状況を考えて動く。 ・ハンドやファウルなどのルールを意識しながら友達といっしょに遊ぶ。	●親しみをもって幼児一人ひとりに接し、その子なりの考え方や表現の仕方に関心をもっていく。 ●保育者や友達といっしょにサッカーを楽しむ姿を支える。 ・勝つことに関心のある子ども、接戦を望む子ども、蹴ったり走ったりボールを受けたりといった動きに課題をもって試したり工夫したりする子ども、仲間といっしょにいることがうれしい子どもなど、それぞれがどんな気持ちで参加し、動こうとするかを見守る。 ・ボールを長くもっていると相手にマークされやすいことや、密集した所から離れてチャンスボールが来るのを待つことなど、状況を見て動こうとする意図に留意しながら、「こうしたらこうなる」と、考えたり予測したりした動きに合わせて、パスを送っていくようにする。	●サッカーの環境構成 ・ボールを足の甲で蹴ったり、サイドキックで正確に蹴ったり、止めたりなど、今関心のある技術に適した、少し柔らかめのボールを用意する。 ・ボールがピッチから転がり出るたびにゲームが中断されてしまうので、屋上などのフェンスで囲まれた、少し狭いくらいの空間を活用するようにする。 ・得点板を用意し、競い合うおもしろさを味わえるようにする。
10:00	●飼育動物の世話をする。 ●草花を使ってままごと遊びをする。		

時間	子どもの活動内容	保育者の援助	環境構成など
11:00	●自分の植えたチューリップの世話をしたり、草花を使って遊ぶ。 <クラスで活動する> ●クラスの皆で、「じゃんけん陣取り」や「猛獣狩りに行こう」をする。 【猛獣狩りに行こう】 ・リーダーは他の幼児たちに向かい合う格好で、膝を太鼓に見立てて元気よくたたきながらうたう。 ・他の幼児は、リーダーをまねていく。 ・一番早く、正確にその動物の名前の音節の数と同じ人数のグループが作れたら、その子たちが次のリーダーになる。 ・動物の名前を構成する音節の数をすばやく理解し、その数に応じた仲間作りをする。	●速い、遅いなどの運動能力差が表れにくい特徴をもつ、伝承遊びやリズム遊びを子どもたちに紹介して、保育者もいっしょに楽しむ。 ●友達と体を動かす楽しさをいっしょに味わえるよう、また、保育者の動きがモデルになるよう、努める。 ・子どもたちがわかりやすいよう、最初は保育者がリーダーになって遊ぶ。このとき、「ゴ・リ・ラ」と音節をはっきり区切って発音したり、「コモドオオトカゲ」のように長い名前を言ったりする例示も、子どもたちの興味をそそる。いずれにするかは子どもたちの様子を見て決める。 ・子どもたちは、自分たちが早くグループを作れるように考えてくると予想されるので、「ゴリラ」の次は「アフリカゾウ」にすれば2グループが合わさるだけでよいなど、次第に倍数や約数を意識し始めるようになる。おもしろい知的試行錯誤の様子を認め、場合によってはその過程を取り上げて皆に伝えていくようにする。	●オープンスペースを確保する。また、雨天時は遊戯室などの広い場所も使用できるようにする。
11:40	●昼食を食べる。		
12:30	●入園式の準備をする。 　会場をあたたかな雰囲気にしつらえていく。		
13:30	●クラスで帰りの集まりをする。 ・今日の生活の振り返りや明日の入園式について話し合う。		
14:00	●降園する。		

自己評価の視点

子どもの育ちを捉える視点
●5歳児クラスになった喜びを感じながら、いろいろな人や環境物に関心をもって関わっていたか。

自らの保育を捉える視点
●保育者は、子どもたちが興味や関心、親しみをもって、いろいろな人や環境物に関わっていくためのモデルとなって活動できていたか。また、行事や活動の意味や意図は幼児に適切に伝わっていたか。

月案	p46
週案	p48
日案	p50
保育の展開	p60

子どもの姿と保育のポイント

身近な自然への興味や関心を促そう

　子どもたちから、一番大きい学年になったという自信めいたものが感じられるようになってくる5月。そんな子どもたちといっしょに、爽やかな季節のなかで、さまざまな自然に触れる体験も計画していきましょう。

＜植物との関わりでは＞
　身近な春の草花を生活に取り入れたり、花や野菜を育てて楽しめるようにしたりすると、子どもたちの感性や自然への関心がいっそう磨かれます。

＜動物との関わりでは＞
　いろいろな発見や問題をクラスのみんなで話し合っていくことが大切。動物の側に立って考えることと、それぞれに適した環境や接し方があることに気づいていけるようにしましょう。

保育者もいっしょに楽しもう

　園内の身近な草花、虫や小動物、飼育動物などと関わって遊ぶ姿を見守りながら、保育者も子どもたちの発見の喜びに応えたり、疑問をいっしょに考えたりします。例えば、図鑑やビデオなどを整え、子どもといっしょに探したり、詳しく調べたりできるようにするといいでしょう。

　また、園内にチョウなどの虫や小鳥の集まってくる植物を植えてみましょう。ひと口にチョウといっても、柑橘類を好むアゲハチョウやキャベツを好むモンシロチョウ、パンジーなどにつくカラフルで少し毒々しい模様のツマグロヒョウモンの幼虫など、いろいろな種類がいます。チョウにも個性があることや、それらがチョウ（昆虫綱チョウ目）という仲間であると気づくことは、世の中の秩序やまとまりについて把握することにもつながる大切な認識（個別化、一般化、抽象化）となります。

新要領・新指針の視点で 今月の保育ピックアップ

5月

環境構成

春の草花を生活に取り入れて楽しむ

- 草花を飾れるよう花瓶や空き容器、花切りばさみなどを用意し、気づきや発想が表現につながっていきやすくする。
- 身につけたり飾ったりできるよう、セロハンや安全ピン、台紙やリボンなど、いろいろな材料を準備しておく。
- 子どもといっしょに話し合って、期待をもちながら、夏野菜や花の苗を植えたり、水やりや肥料やり、草取りなどの作業を行ったりする。　**自然・生命**

5月のテーマ

春の自然に触れて遊ぼう。

保育者の援助

共生する仲間としての感性を大切に

草花やそれに集まる生き物の生命や生活の仕方についてともに考えたり語り合ったりして、共生する仲間としてふさわしい関わりに気づいていけるようにすることも大切です。　**自然・生命**

これもおさえたい！

衛生に注意して食育活動を

園で栽培した野菜や果物などは採れたてを頬張りたいところですが、食品衛生には特に注意し、専門の調理師や養護教諭のアドバイスに従って食べるようにしましょう。例えば、ノロウイルス対策としては、中心温度85℃以上で90秒以上の加熱が基本です。

＊文末の **自立心** **協同性** **思考力** などは、その活動のなかに見られる「幼児期の終わりまでに育ってほしい姿」を表しています（30ページ参照）。

5月 月案

前月末の子どもの姿

- 仲のよい友達といっしょに、身近な自然物を取り入れて、いろいろな遊びを試してみようとする。
- 友達や保育者を誘って、戸外でルールのある遊びをするようになる。また、ルールを巡って、友達と口論する姿も見られるようになる。

*表中の 自立心 協同性 思考力 などは、その活動のなかに見られる「幼児期の終わりまでに育ってほしい姿」を表しています（30ページ参照）。

	ねらい	子どもの活動内容
養護	◇のびのびと体を動かして遊ぶ心地よさを味わう。	◇戸外で友達と触れ合っていっしょに遊ぶ。 健康 ◇避難訓練に参加する。 
教育	◆草花や小動物など春の自然に関わり、生活のなかに取り入れて遊ぶ。 ◆友達と考えを出し合ってルールのある遊びをする。 ◆身近な自然物を使い、工夫して作ったり飾ったりする。 	◆草花を使ったアクセサリーを作ったり、飾ったりする。 ◆サッカーや鬼ごっこなど、友達とルールを意識したり、伝え合ったりして遊ぶ。 道徳・規範 ◆友達にしたいことを伝えたり、わからないことを聞いたりする。 ★新入園児、または１年生といっしょに行く園外保育の計画など、楽しみな目的に向かって自分の考えを出したり友達の考えを聞いたりする。 思考力 ◆4歳児のときに植えて育てたじゃがいもやたまねぎなどを収穫する。 
教育活動後の時間	**認定こども園等** ●生活の流れがわかり、自分たちでできることをしようとする。 ●自分の気に入った遊びやいっしょに遊びたい友達との関わりを楽しむ。	●当番活動について話し合い、自分たちでできることを決めて取り組む。 ●いろいろな遊具を使った遊びや簡単なルールのある遊びを保育者や友達といっしょに楽しむ。 ●自分の思いを言葉で表して、伝わるうれしさを感じる。 言葉

保幼小連携

★草花や小動物たちもにぎやかになるよい季節なので、小学生といっしょに近くの公園を探検する機会をもつ。
★小学校の教師に、生活科の授業の単元についての情報を聞いてみる。

子育て支援・家庭との連携

●家庭訪問前に、子どもの遊びや生活の記録をまとめておくことは必須となる。また、事前に質問や悩みを聞いておき、園で先輩からの助言も仰いで回答を用意しておく。
●親子遠足は、親同士の横のつながりもでき、子どもも含めた人間関係が広がるきっかけになる。

今月の保育のねらい

- 5歳児になった喜びを感じ、自信をもって園生活に取り組む。
- 気の合った友達と、イメージを出し合いながら遊ぶ楽しさを味わう。

行事予定

- こどもの日
- 母の日
- 親子遠足
- いも苗植え
- 家庭訪問
- 避難訓練
- 健康診断

◇…養護面のねらいや活動　◆…教育面のねらいや活動　★…保幼小接続関連活動

保育者の援助と環境構成

◇子どもたちが存分にかけ回ったり、「かごめかごめ」「はないちもんめ」などの集団遊びができたりするよう、園庭に広いスペースを確保するとともに、互いの思いが出し合える受容的な雰囲気を作る。

◇避難訓練では、保育者の指示に従い、速やかで安全に避難する仕方を伝え、地震や火事の恐ろしさや防災の大切さがわかるようにする。 健康

◆草花を飾れるように、花瓶や空き容器、花切りばさみを用意する。また製作に使えるようにセロハンや安全ピン、台紙やリボンなどいろいろな材料を用意しておく。

◆自分の思いや考えが遊びのルールや友達の意見と合わず、反発したり、寂しい気持ちになったりする子どもには、その気持ちを認めながら、いっしょに参加の仕方を考えていく。また、このような子どもの気持ちを周りの友達に伝えて、ともに考えていく。 道徳・規範

◆生き物の生命や生活の仕方について子どもたちとともに話し合い、考えたり、共生する仲間としてふさわしい関わりを求めたりしていく。 自然・生命

- 自分たちのやっていることは、3、4歳児の役に立っていることが具体的にわかり、生活の進め方について話し合いができるようにする。 自立心
- 子どもたちがいっしょにいたい友達とやりたい遊びができるように、ゆったりとした空間や雰囲気を作るようにする。

保育資料

【うた・手遊び・リズム遊び】
- こいのぼり　・おかあさん
- ことりのうた　・おちゃらかホイ（手遊び）
- かごめかごめ　・はないちもんめ
- 猛獣狩りに行こう（リズム遊び）

【自然遊び】
- 花束作り　・たんぽぽの首飾りや指輪作り
- 草花を使ったままごと遊び　・色水遊び
- 蝶やてんとうむし、だんごむし探し

【運動遊び・伝承遊び】
- じゃんけん陣取り　・いろいろな鬼遊び
- 魔女のスキップ　・たけのこいっぽん
- セブンジャンプス

【表現・造形遊び（絵画製作）】
- 押し花やワッペン　・こいのぼり
- ホースとアルミ線で作る花瓶
- ざりがにの水彩画　・スタンピング

【絵本・物語】
- しろいうさぎとくろいうさぎ
- おしいれのぼうけん
- ダンプえんちょうやっつけた
- スイミー

▷…子どもの育ちを捉える視点　▶…自らの保育を振り返る視点

今月の食育

- 保護者ボランティアも加わる週1回の「手作りおやつ」が開始になる。多くの子が調理に興味をもっている。ただし、アレルギーに注意する。
- いもの苗を植え、秋の収穫やスイートポテト作りを楽しみにする。
- カレー作りに期待がもてるように、4歳児のときに植えて育てたじゃがいもやたまねぎを収穫して保存する。

自己評価の視点

▷ 5歳児になった喜びをその子なりの姿で表していたか。
▷ 3歳児や小学生などとの関わりのなかで、自信につながるようなものを得られていったか。
▶ 春の動植物に触れて、イメージ豊かに遊びを工夫できるような用具や道具、材料を用意できていたか。

5月 週案

＊表中の 自立心 協同性 思考力 などは、その活動のなかに見られる「幼児期の終わりまでに育ってほしい姿」を表しています（30ページ参照）。

	第1週	第2週
ねらい	◇のびのびと体を動かして遊ぶ心地よさを味わう。 ◆草花や小動物など春の自然に関わり、生活のなかに取り入れて遊ぶ。 自然・生命	◆春の自然に関わり、生活のなかに取り入れて遊ぶ。
活動内容	◇戸外で友達といっしょに触れ合って遊ぶ。 健康 ◆音楽に合わせてかけたり、止まったり、跳んだりするなど、リズミカルに体を動かして遊ぶ。 ★友達（または小学生たち）とサッカーや追いかけっこ、鬼ごっこなどを楽しんだり、人数や遊び方に合わせて適当な場所や用具、道具を見つけたりする。 ◆園庭や花壇の花を保育室に飾ったり、世話をしたりする。 ◆昆虫や小動物のいそうな場所を探したり、見つけて触れたりする。	◆色水遊びや押し花をしたり、草花を身につけて飾ったりなどして遊ぶ（母の日のプレゼントなどにもする）。 社会生活 ◆夏野菜を植えたり、雑草を抜いたり、水や肥料をやったりする。 自然・生命
援助と環境構成	●かけ回ったり、「かごめかごめ」「はないちもんめ」などの集団遊びができるように、園庭には広いスペースを確保する。 ●子どもたちといっしょに楽しんだリズム遊びの音楽をわかりやすく整理しておいたり、使いやすいように音響機器に表示を付けたりする。 ●伝承遊びやリズム遊びでは、友達と声を合わせてはやす、うたう、かける、止まる、跳ぶ、そのものらしく動こうとするなどの動きに注目し、自分の体の動きを調整しながら遊ぶ姿を認めていく。 ●園内に自生する昆虫や小動物の種類を把握して、害を及ぼす蜂や毛虫は駆除する。	●子どもたちといっしょに体を動かして遊ぶ爽やかさや心地よさを感じながら、力強い動きの工夫を認め、励ましていく。体の調整力の育ちにも注意して観察する。 ●草花を飾れるよう花瓶や空き容器、花切りばさみを用意する。また、製作に使えるようにセロハンや安全ピン、台紙やリボンなどいろいろな材料を準備しておく。 ●園内の身近な昆虫や小動物と関わって遊ぶ姿を見守りながら、子どもたちの発見や疑問に真剣に向き合う。 ●図鑑やビデオなどを用意し、子どもたちといっしょに探したり調べたりできるようにする。

認定こども園等

	第1週	第2週
教育活動後の時間	●友達といっしょに引き続き体を動かしたい、保育者とひと息つきながら関わりたい、1人でじっくりとやりたいことをしたいなど、自分のペースを作って過ごす。	●自分たちなりに生活の見通しをもって生活をする。 健康 ●母の日のプレゼントの経験や植物の世話などについて、友達と話したり伝え合ったりする。 社会生活
援助と環境構成	●コアタイム（教育時間）で楽しんだ伝承遊び（かごめかごめ・はないちもんめ）など、自分たちで楽しむことができるような場所と時間を保障する。 ●個々の思いを満たす遊具や場所を用意する。	●コアタイムの活動のあと、自分たちがどのように過ごすかの見通しがもてるように、ある程度の時間の流れや時間の使い方を知らせて、安心して生活できるようにしていく。

◇…養護面のねらいや活動　◆…教育面のねらいや活動　★…保幼小接続関連活動

5月

第3週	第4週
◆友達と考えを出し合ってルールのある遊びを進める。 ◆遠足に出かけ、春の動植物に触れて遊ぶ。	◆身近な自然物を使い、工夫して作ったり飾ったりする。
◆草花を使ったアクセサリーを作ったり、身につけて遊んだりする。 ◆サッカーや鬼ごっこなど、ルールを意識し、友達と伝え合って遊ぶ。 ◆したいこと、わからないことを、友達に伝えたり聞いたりする。 言葉 ◆新入園児（園内オリエンテーリングのペア）といっしょに親子遠足に行き、交通ルールや安全な歩行について話を聞く。 ◆虫や小動物の餌や飼育の仕方に関心をもち、尋ねたり図鑑で調べたりする。 自然・生命	◆3歳児（または1年生）といっしょに行く園外保育の計画など、楽しみな目的に向かって自分の考えを出したり友達の考えを聞いたりする。 思考力 ◆4歳児のときに植えて育てたじゃがいもやたまねぎなどを収穫する。 ◇避難訓練に参加する。
●自分の思いや考えが出し合える受容的な雰囲気が作れるよう、関心をもって子どもの話を聞き、工夫を加えて返していく。 ●友達といっしょに根気強く、描いたり、切ったり、折ったり、貼り合わせたりして、構成していく過程を見守っていく。ポイントは、考えの進め方、理解の仕方、情報の求め方、表現技術、先行経験など。 ●親子遠足では、園外の自然に親しみ、広い場所で思いきり体を動かして遊ぶ心地よさを味わえるようにする。5歳児は3歳児と手をつないで歩いたりいっしょに遊んだりしながら、5歳児としての意識をもてるようにする。また、保護者同士の親睦を図る。 道徳・規範	●自分の思いや考えが遊びのルールや友達の意見と合わず、反発したり、寂しい気持ちになったりする子どもには、その気持ちを認めながら、いっしょに参加の仕方を考えていく。また、このような子どもたちの気持ちを周りの友達に伝えてともに考えていく。 道徳・規範 ●生き物の生命や生活の仕方について子どもとともに話し合い、考えたり、共生する仲間としてふさわしい関わりを求めていく。 自然・生命 ●避難訓練では、保育者の指示に従って速やかな対応ができるように安全な避難の仕方を伝え、地震の恐ろしさや防災の大切さがわかるようにする。 健康
●自分のやりたいことに繰り返し取り組み、十分に楽しむ。 ●興味をもったこと（植物の観察や図鑑を見るなど）にじっくりと取り組む。 数量・図形・文字	●身近に感じたことを保育者や友達と話すことで、友達の大切さを感じたり、生き物や命について考えたりする。 協同性
●ボールや縄跳び、竹馬など、体を動かすことのできる用具や遊具を生活のスペースの近くに用意して、それぞれの思いややりたいことが実現できるようにする。 ●図鑑や絵本を見るための、落ち着いたコーナーを作る。	●コアタイムにあった出来事を受けて、個々に感じたことや考えたことについて、保育者が受け止めたり友達との共通の話題にしたりして整理し、相手の気持ちを大切にすることや、生き物を大切にすることが意識できるようにする。

幼稚園の例

5月8日(火)

前日までの子どもの姿	●友達や保育者と情報を伝え合ったり、教え合ったり、励まし合ったりしながら活動することがうれしい様子が見られるようになる。少し抵抗のある技術の必要なことにも、励ましてもらいながら取り組もうとする。

ねらい	●戸外で友達と体を使って遊んだり、草花遊びをするなかで家族や大切な人に贈るものを作ったりする。	主な活動	●草花遊び ●花瓶作り

時間	子どもの活動内容	保育者の援助	環境構成など
	●登園する。		●しろつめくさ、おおばこ、たんぽぽなど、遊びに使える草花の生えている場所を確認しておく。
9:00	●飼育動物の世話や植物の水やりをする。		たんぽぽの風車
9:30	●戸外でアスレチックを作って遊ぶ。 ●草花遊びをする。 おおばこのすもう	●草花に触れて遊ぶなかで、それらに生命があることや、むやみに採ってしまわないこと、感謝の気持ちをもって生活や遊びに使わせてもらうことを子どもたちと分かち合えるようにする。 しろつめくさの花輪  茎の長いしろつめくさを取る。 1つ目を手に持ち、そこへ2つ目を図のように巻く。 同じようにして、3つ目、4つ目…、と巻いていく。好きな長さにできたら、1つ目の花を最後の茎にのせて、別に取った1本で結んで輪にする。 しろつめくさの腕輪 短めに切ったしろつめくさを数本用意する。図のように茎に切り込みを入れ、そこに別のしろつめくさを差していき、輪にする。	たんぽぽの茎を切って、両端に切り込みを入れる。しばらくすると反り返るので、茎の穴に竹ひごを差す。息を吹きかけると、くるくる回る。 たんぽぽの花時計 たんぽぽを取り、茎を2つに割く。それを腕に巻いて結ぶ。 たんぽぽの笛  たんぽぽの茎を取り、細い方を指でつぶす。つぶした方をくわえて、息を吹く。太さや長さを変えると、音が変わる。
	茎が太く、丈夫そうなおおばこを探す。 それを1本取り、友達が取ったものとUの字に交差させる。 「せーの」で引っ張り合い、切れてしまった方の負け。		

50

時間	子どもの活動内容	保育者の援助	環境構成など
11:00	●ホースとアルミ線で草花を飾るための花瓶を作る。 【作り方】 ・約20cmに切ったビニールホースの片方を5cmの所で折って、水漏れのないようビニールテープで固く止める。 ・アルミ線で、ホースが立つように足をつけて完成。 ・作った花瓶は、保育室に飾っておいてもよいし、母の日にちなんで家族への贈り物として持って帰ってもよい。	●アルミ線ははさみでも切れるくらい柔らかいので扱いやすいが、目などを突かないよう配慮が必要。 ●透明なホースを使用すると、さした草花が水を吸って水量が減るのに気づきやすくなるのでおすすめ。 ※さまざまな家庭があることを考えると、「母の日」をテーマにすることには配慮が必要となるが、この機会に、自分を大切にしてくれる人に感謝の気持ちを伝えることは、意味のあること。母親のいない子には、家族やいつも自分を大切にしてくれる人にプレゼントしようと話すなどの配慮をする。	●草花遊びで植物の茎や葉などを使って、いろいろなことを試すなかで、それらの構造や水を吸い上げる仕組みなどを知っておくと、この花瓶作りで、花が水を吸って生きているということが実感できる。 ●ビニールホースやアルミ線など、その特性を知って扱うことで、用途に合わせた使い方の工夫ができるようにしていく。
11:40	●昼食を食べる。		
12:30	●チューリップの球根を掘り出す。		
13:30	●クラスで帰りの集まりをする。 ・今日遊んだ草花遊びで、おもしろかったことやびっくりしたことなどを、友達の前で話してみる。 ●絵本を見たり、歌をうたったりする。「おかあさん」など。	●子どもたちが、自分の考えや思いを友達に伝えることが楽しいと思える雰囲気づくりをする。	
14:00	●降園する。		

自己評価の視点

子どもの育ちを捉える視点
●一人ひとりの幼児が自分なりの課題や思いをもって体を使って遊んだり、人に贈るものを作ったりしていたか。

自らの保育を捉える視点
●個々の子どもに配慮しながら、課題に対する技術的な支援をしたり、表現方法についての相談にのれていたか。

6月

月案	p54
週案	p56
日案	p58
保育の展開	p60

子どもの姿と保育のポイント

雨の多い季節も楽しく

梅雨を迎えるこの季節、戸外遊びができない日も増えてきます。そこで、今月は室内でもできる造形遊びや運動遊びで楽しめるよう、室内の環境の構成を工夫したり、また室内でもみんなで楽しめるイベント（例えばカレーライスパーティー）を計画するのもよいでしょう。それとはまったく逆に、雨の日だからこそ楽しめる「雨の園外保育」に出かけるのもおすすめです。

友達と工夫しながら遊ぶ姿

幼児が自分なりの課題や動きのイメージをもって、工夫している姿を認め、励ましていきましょう。

具体的には、
・「～したい」「もっと～になりたい」という気持ちを受け止めながら、イメージしたようにできずにつまずいているところを理解し、適切なやり方や取り組み方をいっしょに考えていく。
・友達と励まし合ったり、手伝い合ったりしながら遊ぶ姿を大切にして、自分や友達の変化への気づきを認めていく。
・いろいろな素材や材料を利用して、貼り絵やにじみ絵、モビールや組みひもなどを作る過程で、その使い方や組み合わせ方、動かし方などを伝えたりいっしょに工夫したりする。

この頃になると、友達と誘い合って遊んだり、遊びに必要な人を呼び集めたりして、「いっしょに」という気持ちが強くなってきます。しかし一方で、友達とのトラブルも見られるようになります。こうしたトラブルを話し合いながら解決していく過程で、自分の気持ちを調整したり、友達と折り合いをつけていったりすることを経験していきます。

今月の保育ピックアップ

新要領・新指針の視点で

子どもの活動
友達と工夫しながら遊ぶ

友達関係も築かれてきて、工夫しながら遊ぶことを喜ぶ時期になります。特に身近な植物や竹、木、水、砂、土などの自然の素材と関わることで、その特徴や性質に気づき、知的好奇心も刺激されて、アイデアを出し合って遊びが発展していく様子が見られます。 協同性

環境構成
感謝される喜びをエネルギーに！

4、5月の行事や活動では新入園児たちと直接関わって、リーダーとしての自覚を感じてきました。そのあとで、自分たちの遊びや生活に課題を見つけ、仲間と取り組み、充実する時期となります。カレーライスパーティーのように、仲間と協力してやり遂げた結果、小さい組の皆に感謝され、自信を得るという活動を取り入れてみましょう。 自立心

6月のテーマ

自分なりの課題をもち、
友達と工夫しながら
遊ぶ楽しさを味わう。

保育者の援助
一人ひとりの育ちを見てとるにはよい時期

友達との親しさも増し、距離感も近くなる時期。さらに梅雨時期の"もやもや感"とストレスから、ちょっとしたトラブルがよく起こるようになります。しかし、2か月間の生活で一人ひとりの性格もつかめてきているところなので、この時期に心身の健康面や人と関わる力の育ちを見てとるにはよいタイミングです。個々のよいところ、育ってきたところと課題を整理して、援助のデータにしましょう。

これもおさえたい！
道具や用具を使って技術を体得する楽しさを

包丁や皮引きなどの調理用具、また絵画製作に使う道具などには、それらの持ち味を生かすための技術や知識も必要となります。子どもたちも、大人のように道具を使いこなせることを誇らしく思う時期。「かっこいい！」「ぼくもやってみたい」というモデルに、保育者がなりましょう。

---

*文末の 自立心 協同性 思考力 などは、その活動のなかに見られる「幼児期の終わりまでに育ってほしい姿」を表しています（30ページ参照）。

6月 月案

前月末の子どもの姿

- 友達と誘い合って遊んだり、遊びに必要な人を呼び集めたりして、仲間といっしょに生活する姿が多く見られるようになってくる。
- 夏野菜や花の苗、飼育している虫や小動物などの成長や変化の様子に興味や関心をもちながら、世話をしたり関わって遊んだりする。

＊表中の 自立心 協同性 思考力 などは、その活動のなかに見られる「幼児期の終わりまでに育ってほしい姿」を表しています（30ページ参照）。

	ねらい	子どもの活動内容
養護	◇歯磨きやうがいなどを通して自分の体や健康に関心をもつ。 ◇安全な水遊びの仕方を知る。	◇進んで歯磨きやうがいなどを行う。 ◇水やプールサイドでの事故防止など安全な行動の仕方を確かめながら、プールで水遊びを楽しむ。 健康 
教育	◆飼育動物や夏野菜の世話など、身近な動植物に親しみをもって接する。 ◆活動の目的や遊びや表現のテーマ、自分の役割を感じながら、試したり工夫したりして遊ぶ楽しさを味わう。 思考力 ◆いろいろな素材に触れて、試したり工夫したりして遊ぶ。 感性・表現 ◆友達と話し合ったり見合ったりしながら表現することを楽しむ。	◆飼育動物や栽培植物の世話をしたり、園内の小動物を探したりする。 ◆いろいろな自然物や素材を使って作ったり遊んだりするなかで、それらの性質や特徴に気づき、使い方や作り方を工夫する。また、カレーライスなどの調理の際には、包丁やコンロをはじめとする道具や用具の正しい使い方を確かめながら活動を進め、協働する楽しさや達成感を味わう。 協同性 ◆戸外でいろいろな運動遊びに挑戦する。 ◆身近な花や小動物など、物をよく見て描いたり、体験したことを簡単な絵本にしたりする。 ◆リズム劇やリズム遊び、合奏や歌など、友達と表現を工夫しながら遊ぶ楽しさを味わう。 感性・表現 
認定こども園等 教育活動後の時間	●自分のやりたいことに繰り返し取り組むなかで、変化に気づいたり発見をしたりして興味や関心を広げる。 ●友達と関わったりいっしょにいたりすることを楽しむ。	●いっしょに遊びたい友達や保育者との関わりのなかで、自分のやりたいことを実現する喜びを感じる。 ●自分のやりたいことやできるようになりたいことに向かって、繰り返し取り組む満足感を味わう。 自立心

保幼小連携

★1年生といっしょに公園や学校を探検してみる。梅雨の季節だが、雨の日でもおもしろい。小学生といっしょに行動するなかで、いろいろな情報を得たり、自分の園生活と比較したりして、小学校での生活のルールやしくみなどに気づき、活動の場を広げていけるようにする。

子育て支援・家庭との連携

- 子ども同士、お互いがわかり始めたこの時期、総合的な活動であるカレーライスパーティーは、やり遂げたことで子どもたちに自信をつける。今までと違う言動に、保護者も我が子の成長に気づく。こうした保育の成果を通して、保護者は保育者を評価し、その結果、家庭との信頼感は深まっていく。

今月の保育のねらい

- 身近な動植物や自然の素材と関わり、その特徴や特性に気づく。
- 自分なりの課題をもち、友達と工夫しながら遊ぶ楽しさを味わう。

行事予定

- 歯科検診
- 父の日
- カレーライスパーティー
- 雨の日の園外保育
- 避難訓練

◇…養護面のねらいや活動　◆…教育面のねらいや活動　★…保幼小接続関連活動

保育者の援助と環境構成

◇生活のなかで手本を示し、正しい歯の磨き方やうがいの仕方を伝える。

◇危険な行為について子どもたちと確認するとともに、水に入る前の準備や出たあとの清潔や衛生についてわかりやすく説明し、必要な表示を付ける。

◆子どもたちの興味や関心、発達の状況に合った図鑑やビデオ、楽譜やオーディオ機器、ソフトなどを準備し、扱いやすく整理するとともに、いっしょに調べたり、表現を楽しんだりしていく。

◆友達と励まし合ったり、手伝い合ったりしながら遊ぶ姿を大切にして、自分や友達の変化への気づきを認めていくとともに、「〜したい」「もっと〜になりたい」という気持ちを受け止める。

◆カレーライス作りでは、子どもが自分なりの課題をもって動きを工夫する姿を励ますとともに、安全な調理道具の使い方ができているか確認する。

◆保育者も子どもたちといっしょに、園庭で小動物を探したり、野菜や花の世話をしながら生長の様子を楽しみに見たり、収穫を喜んだりする。

● コアタイム（教育時間）の取り組みの様子を受けて、それぞれのペースで、思いを満たすことができるような環境、時間、援助の工夫をする。

● 繰り返し楽しむことができる遊びを楽しむなかで、変化や上達を感じられるように、関わったり気づくことができるようにしたりする。

保育資料

【うた・手遊び・リズム遊び】
- しゃぼん玉　・あめふりくまのこ
- かえるのがっしょう（二部合唱）
- 山のワルツ（合奏）

【自然遊び】
- かたばみやおおばこの草相撲
- あさがおや藍の叩き染め
- かたつむり探し

【運動遊び・伝承遊び】
- 木の中のリス　・フルーツバスケット
- エース・オブ・ダイヤモンド

【表現・造形遊び（絵画製作）】
- 花や昆虫などの描画　・マーブリング
- 大きな木の絵　・モビール
- 粘土で植木鉢作り

【絵本・物語】
- おたまじゃくしの101ちゃん
- おおきなきがほしい
- もりのなか

▷…子どもの育ちを捉える視点　▶…自らの保育を振り返る視点

今月の食育

- 育てた野菜と買った食材でのおいしいカレー作りの手順やこつ（あく取りなど）を調べたり、友達と協力して活動するなかで、感触や匂いなどを通して食材の特徴に気づいたりする。
- 3歳児には野菜を小さく切る配慮をして配膳し、作る過程や苦労も伝え、感謝されて達成感がもてるようにする。

自己評価の視点

▷ なんらかの課題をもって一人ひとりが工夫しながら遊んでいたか。

▶ さまざまな動植物や自然の素材を、身近な環境として構成できたか。そして、その特徴や特性に気づけるように援助できたか。

6月 週案

*表中の 自立心 協同性 思考力 などは、その活動のなかに見られる「幼児期の終わりまでに育ってほしい姿」を表しています（30ページ参照）。

	第1週	第2週
ねらい	◆飼育動物や夏野菜の世話など、身近な動植物に親しみをもって接する。 ◆自分なりの期待や課題をもち、友達といっしょに考えたり工夫したりして遊ぶ。 思考力	◆カレーライスパーティーなどの際は自分たちで役割を分担し、友達といっしょに考えたり工夫したりして進める。
活動内容	◆収穫を楽しみにしながら、夏野菜や花の世話をする。 ◆カレーライス作りのグループで、必要な材料やおいしいカレーを作る方法を考えて相談し、必要な材料を買いに行く。 協同性 ◆戸外に出て、一輪車、木登り、アスレチック、鉄棒などをして遊ぶ。そのなかで、友達（または遊びに来てもらった1年生）と励まし合ったり手伝い合ったりしながら遊び、自分や友達の変化に気づく。 ◆ゲームやお店屋さんごっこを、ルールや遊び方、役割などを意識しながら遊ぶ。 道徳・規範	◆園内の小動物を探したり飼育したりする。 ◆身近な花や小動物など、物をよく見て描いたり、体験したことを簡単な絵本にしたりする。 ◆調理に関する安全を確かめながらカレーライスパーティーを進め、協働する楽しさや達成感、感謝される喜びなどを味わう。 協同性 ◆竹、木、水、砂、土など自然物やいろいろな材料を使って、切ったり、組み合わせたり、形作ったりして遊ぶなかで、いろいろな素材や材料の性質や特徴に気づき、使い方や作り方を工夫する。 思考力
援助と環境構成	◆保育者も子どもたちといっしょに野菜や花の世話をしながら、生長の様子を楽しみに見たり、収穫を喜んだりする。 ◆カレーライス作りなど園全体のことを考え、子どもたちが自分なりの課題や動きのイメージをもって工夫する姿を励ますとともに、安全な調理道具の使い方ができているか確認する。 ◆友達と励まし合ったり、手伝い合ったりしながら遊ぶ姿を大切にして、自分や友達の変化への気づきを認めていくとともに、「〜したい」「もっと〜になりたい」という気持ちを受け止める。また、つまずいているところを理解し、適切な取り組み方についていっしょに考えていく。	◆子どもたちといっしょに、飼育している昆虫や動物に関わり、昆虫や動物にとって快適な環境やふさわしい接し方について伝え、生命について考えていく。関わったあとは、自然に帰すように努める。 ◆いろいろな素材や材料を利用して貼り絵やにじみ絵、モビールや組みひも、粘土などを作る工程で、その使い方や組み合わせ方、動かし方などを伝えたり、いっしょに工夫したりする。 ◆図鑑やビデオなどを整理するとともに、子どもたちが興味をもったことや不思議に思ったことについて理解し、人に尋ねたり図鑑などで調べたりして、友達と伝え合う喜びに共感していく。

認定こども園等

	第1週	第2週
教育活動後の時間	●思いを保育者に受け止めてもらったり、友達と共感したりできるうれしさや安心感を感じる。 ●自分のやりたいことにじっくりと取り組む満足感を味わう。	●生活のなかで必要なことに気がつき、できるようにすることで、自分たちが役に立っているうれしさを感じる。 社会生活
援助と環境構成	●ゆったりとした雰囲気のなかで、個々の気持ちを受け止め、安心して遊んだり生活したりできるような時間や空間作りをする。 ●個々にじっくりと遊ぶことができる場所や遊具（絵合わせ、パズル、塗り絵、絵本、図鑑など）を用意しておく。	●午前中の活動とのバランスをみながら、一人ひとりがやりたいことができるように連絡を取り合い、実現できるようにする。 ●夏野菜や草花の成長を友達といっしょに喜んだり、自分たちのできること（雑草抜き、夕方の水やりなど）ができるようにする。 自立心

◇…養護面のねらいや活動　◆…教育面のねらいや活動　★…保幼小接続関連活動

第3週	第4週
◇安全な水遊びの仕方を知る。 ◆いろいろな素材に触れて、試したり工夫したりして遊ぶ。 感性・表現 ◆自分の思いや考えを話したり友達の話を聞いたりしながら、目的を確かめたり準備をしたりする。	◆活動の目的や遊びや表現のテーマ、自分の役割を感じながら、試したり工夫したりして遊ぶ楽しさを味わう。 ◆友達と話し合ったり見合ったりしながら表現することを楽しむ。
◇安全を確かめながら、プールで水遊びを楽しむ。 ◆友達と鬼遊びやじゃんけんゲームなどをして楽しむ。 ◆粘土で植木鉢を作り、素焼きする（テラコッタ）。 ◆「あまのがわ」のリズム劇をする。 ◆身近な材料を使って、車や飛行機、楽器やモビールなど動きや音を楽しめる遊具を作る。 ◆身近な花や小動物など、物をよく見て描いたり、体験したことを簡単な絵本にしたりする。	★小学生といっしょに近隣の公園などに園外保育に出かける。雨の日であれば、晴れの日とは違った自然の様子や発見を楽しむ。 自然・生命 ◆歌をうたったり楽器を鳴らしたりして表現する（「あめふり」「あめふりくまのこ」「しゃぼん玉」「山のワルツ」など）。 ◆ゲームやフォークダンスをする（「猛獣狩りに行こう」「エース・オブ・ダイヤモンド」など）。 ◇避難訓練に参加する。
◆友達と遊び方やルールを共有して遊ぶ楽しさが味わえるように配慮する。プールの安全な使用の仕方やルールについても確認する。 ◆みんなでできるゲームやリズム劇などを紹介し、いっしょに楽しむ。ごっこ遊びなどに使うことのできる道具や材料を準備しておく。 ◆自分の思うようにならず、怒ったりけんかになったりする場面では、それぞれの心情に配慮する。思いを伝え合えるように援助し、ルールを守って遊びを進めると、より楽しくなることに気づけるようにする。また、相手の言葉や態度から気持ちを理解しようとする態度を認めていく。 道徳・規範	◆梅雨の自然事象に親しみをもって関わっていけるようにする。 ◆リズムやストーリーに合わせて、子どもたちといっしょにリズミカルに動くことをともに楽しむ。 ◆楽器や簡単な楽譜、オーディオ機器類を整理して、使いやすくしておく。 ◆リズム劇では、リズムを感じながら子どもといっしょに動き、身体表現のイメージが描きやすいようにする。 ◆子どもたちといっしょに自分たちの植えた野菜や花の世話をしながら生長の様子を楽しみに見たり、収穫を喜んだりする。

●友達と関わったり、自分のやりたい遊びを選んだりして、やりたい遊びを楽しむ。 ●不思議に思ったことや興味をもったことを調べたりしてじっくりと遊ぶ。	●自分なりのペースで遊び、ゆったりとした時間をすごす。
●遊びの様子を見ながら、思いや考えが通じ合うように、必要に応じて保育者が関わっていく。 ●コアタイム（教育時間）に興味をもったことを追求する場を用意する。	●笹飾りや折り紙などを用意しておき、友達と関わりながらも自分なりのペースで過ごすことができるようにする。 ●個々の気持ちを保育者が受け止めることで、安心感やゆとりが心に生まれるようにする。

6月 日案

幼稚園の例

6月14日(木)

前日までの子どもの姿	●近隣のお店に買い物に行き、米や肉、カレールーなどを買い、今日の活動に期待が高まっている。 ●自分たちで育てて収穫した野菜、鍋や包丁、皮引き、スプーン、皿など、必要なものを量や数を確認しながら準備する。
ねらい	●自分たちで育て収穫した野菜を使ってカレーライスを作り、皆にふるまう。
主な活動	●カレーライス作り ●カレーライスパーティー

時間	子どもの活動内容	保育者の援助	環境構成など
9:00	●登園すると、カレーを作るグループごとに分かれ、声をかけ合い、トイレを済ませ、エプロンや三角巾をつける。 ●手洗い、消毒をする。 ●調理器具や野菜、カレールーなどを取りに行く。 ●グループごとの机に集まり、保育者と時間的な見通しや注意事項について確認する。 ●米をといで炊飯器にセットする。	●単なる「お料理教室」で終わらないように、作ってあげたいクラス（小さい組）ごとのグループでカレーライスプロジェクトを進めてきている。「来年は自分たちが作るんだ！」と、4歳児のときに植え育てたじゃがいもやたまねぎ、にんじんの世話も、自分たちの成長と重ねてやってきた。半年かけてこの日を迎えた高揚感は「自分たちはできる」という自信と安全や衛生への責任意識につながっている。子どもたちが見通しをもって全力投球できるようにする。 ●調理は数や、濃度などの量に関する知識を具体的に使って行う科学的な要素がたくさんあるので、子どもの気づきや思考にじっくりつきあっていく。	●安全と衛生について配慮する。 ・調理する机の配置は子どもの動線を考えて、交錯事故のないように。 ・切るだけでなく、ガスコンロにかけた鍋をかき混ぜたり、カレーのでき具合を観察したりすることを考え、机は高すぎないように。やけどをしないように注意する。 ・机や床の消毒はていねいに。 ・肉は調理直前まで冷蔵庫に保管。まな板も野菜用と肉用を別々に用意する。
10:00	●野菜を洗って、切る。 ●肉を切る。 ・ぐにゅっとした手触りや包丁にまとわりつく脂肪、明らかに植物食材とは異なる感触やにおいを体感する。	●前日までに子どもたちが準備や計画してきたことや、声をかけ合ったり確認し合ったりする様子を見守り、自分の役割を責任ややる気をもって果たす態度を認めていく。 ●動植物など、他の生き物の生命をもらって、わたしたち人間が生きていることへの気づきの場面を大切にする。「いただきます」の言葉は生き物から食べ物に変わってもらう、感謝と敬意の言葉。	

時間	子どもの活動内容	保育者の援助	環境構成など
	●野菜や肉を炒め、鍋で煮る。 ●時々、あくをすくいながら煮えていく様子を見る。 ●具に箸などを通して、でき具合を確かめ、カレールーを入れる。	●やけどをしないように目を配るとともに、しっかり火を通すことを保育者も確認する。 ●煮始めると少し落ち着くことができるので、水分補給やトイレなどの休息をとり、洗い物の作業に向かえるようにする。	●火を使って調理するときは換気に気をつける。 ●まな板や包丁などを洗って乾かす場所をチェックする。次に行う配膳の準備との関係も考えて、安全で衛生的かがポイント。
11:00	●各クラスごとのオリジナルカレーライスのために考えた隠し味を入れて、仕上げる。		
11:30	●できたカレーライスを各クラスに運び、配膳する。 ●グループの皆でがんばったことや工夫したこと、隠し味などについて披露する。	●子どもたちがそのクラスへのインタビュー調査をしたり、思いを込めて考えた隠し味の果物や調味料、そのクラスで栽培していて「入れてほしい」とリクエストされた夏野菜などを誇らしそうに入れる様子を励ます。	
12:00	●自分たちの保育室に戻り、自分のクラスの担当グループに配膳してもらったり、話を聞いたりする。 ●カレーライスパーティーをする。 ●片づける。	●各クラスの担任と連携して、自分たちのがんばりが感謝されるようにする。インタビューやクイズなどもおもしろい。	
13:30	●クラスで帰りの集まりをする。 ・今日のカレーライス作りでおもしろかったことや、小さい組の子どもたちから言われたことなどを友達に伝える。	●仲間と「やったね」「おいしいね」という充実感や達成感を共有する姿を見守り、保育者もとっておきのエピソードを披露したりする。	
14:00	●降園する。		

自己評価の視点

子どもの育ちを捉える視点
- カレーライスを作るという目的を友達と共有しながら、自分の役割や仕事を意識できていたか。
- 安全な用具の使い方を知り、工夫して調理することを楽しんでいたか。

自らの保育を捉える視点
- 個々の経験や技術を適切に把握しながら、作業を助けたり、技術的なアドバイスができていたか。
- 常に、調理用具や場の安全が確保できていたか。

4・5・6月 保育の展開

行事　新入園児と巡る園内オリエンテーリング

進級の喜びを「学び」と「育ち」のパワーに変えて、年長児としての自覚を育てる活動です。

🌸 マップを作る

保育者や友達と話し合いながら、園内の遊び場や遊具、その他、重要だと思われる所をチェックポイントとして抜き出し、オリエンテーリングマップを作ります。

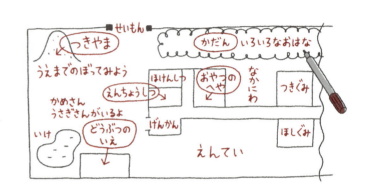

🌸 新入園児とポイントを巡る

新入園児とペアになって各チェックポイントを巡っていきます。チェックポイントにはシールなどを準備しておきましょう。園長先生が園長室で撮ってくれた記念写真をあとでマップに貼ると、子どもばかりでなく保護者も安心して喜んでくれます。

● この活動の意味

- 昨年の年長児の姿をイメージしながら、「やってみよう」「できるかも」という気持ちでいろいろとやってみるが、うまくいかないことも多い。失敗したり戸惑ったりすることもあるが、友達や保育者に助けてもらったり教えてもらったりしながら何度もやり直す。それががんばる力へとつながっていく。
- 準備や話し合いをするなかで、それぞれの場所の意味や注意点などを、子ども自身が確認して説明するようにする。「新しい友達に教えてあげる」という晴れがましい気持ちになるが、実は自分自身が深く知っていくというのがミソ。

行事 親子で楽しむ園外保育

新入園児の親子と５歳児親子の仲よしグループで、近隣の公園に出発！

公園で遊ぼう！

公園に行って、春の自然を満喫したり、親子の触れ合いゲームに興じたりして、楽しい一日にしましょう。新入園児にとっては初めての遠足、５歳児とその保護者にとっては、リーダー学年として、初の活躍の場となります。

年長としての自覚を

「園内オリエンテーリング」（60ページ）のときにペアになった新入園児と、再び組むようにします。そうすることで、先輩としてのやる気を引き出します。
自分たちも、先輩たちからしてもらった経験を思い出し、今度は自分たちがしてあげるんだと、気合いも十分です。行った先で遊べる遊具や植物図鑑を準備しておけば、保護者も含めて、みんなで楽しめます。

ゲームのアイデア

季節外れを探せ

「広場までの道沿いに、季節外れの花や生き物が紛れています。それをグループのみんなで探しながら行きましょう」と説明して、ゲーム開始。
道沿いの植え込みや草むらに、わかりやすい夏の花（ひまわりやあさがおなど）の造花や、秋の虫（こおろぎやとんぼなど）の模型や写真などを潜ませておきます。それを、歩きながら目をこらして見つけるゲームです。ゴール地点に着いたら、グループごとに発表。
グループ対抗なので、他のグループには聞こえないように、小さな声で情報を伝え合う必要があります。これが仲間意識を演出するので、この時期の園外保育におすすめです。

4・5・6月 保育の展開

4・5・6月 保育の展開

健康便りを家庭へ

健康

5月から6月にかけて、心身の健康に関して注意したいことがいくつか出てきます。
お便りなどで知らせることで、家庭にも協力してもらいましょう。

紫外線対策をしよう

　紫外線といえば夏をイメージしますが、5月くらいから紫外線の量が増えてきます。普段から帽子をかぶるなど、対策をしていきましょう。

3Rで疲労回復

　気の張っていた新学期から1か月、子どもたちの心身にも疲労がたまる時期です。日常生活のなかでリラックスするための時間を意識的に作ることが大切です。
〈心身のお疲れに魔法の「3R」を〉
心と体をゆるめる「Relax」
・ゆっくりとお風呂に入る
・のんびりできる時間を作る
気分転換を図る「Refresh」
・自然のなかで深呼吸をする
・たくさん体を動かして元気に遊ぶ
疲れを回復させる「Recover」
・睡眠時間をしっかりとる
・3食しっかり食べる

予防3原則で食中毒対策

　食中毒は6月から9月に多く発生します。お弁当には十分加熱したものを入れるよう保護者に伝えましょう。
〈予防3原則〉
①**菌をつけない**
　手や調理器具、食材をよく洗う。
　包丁やまな板を肉・魚・野菜用に分けるとよい。
②**菌を増やさない**
　食中毒菌は10〜40℃の室温状態で増える。冷蔵庫の温度に気をつけて、作った料理は早めに食べる。
③**菌を殺す**
　食品の加熱は十分に。75℃で60秒以上が目安！
　（※ノロウイルスの殺菌には85℃以上で90秒必要）
　調理器具も熱湯や漂白剤で定期的に消毒を。

歯磨きで歯と口を健康に

　6月4日から10日は、「歯と口の健康週間」です。生涯を健康な歯で過ごすためには、毎日の歯磨きが基本となります。
　歯磨きは、歯をまとめてゴシゴシとこするのではなく、歯の1本1本をていねいに、歯ブラシを小刻みに動かしていきます。鉛筆の持ち方で歯ブラシを持つのが基本ですが、子どもたちには少し難しいかもしれません。
　手洗いに鏡をつけるなど、磨き方や磨き具合を自分でチェックできるようにするとよいですね。

安全

遊具の安全点検で事故防止

心身の疲れが出るのが、ゴールデンウイークが明ける頃。
ちょっとした不注意が事故につながることがないよう、遊具の安全点検を行いましょう。

事故の多い季節

「5月病」という言葉があります。4月は進級・進学など、新しい環境での生活に切り替わることが多いですが、そこでうまく適応できなかったり、逆に張り切りすぎたりしたことによる心身の疲れが出てくるのが、ちょうどゴールデンウイーク明けのこの時期です。

眠れない、起きられない、食欲がない、イライラする、無気力になるなどの体調不良を訴える子の姿も見られることがあります。

遊具などによる事故も、5歳児クラスの生活に慣れ始めたこの時期によく起こります。

遊具の安全点検チェック表

- 図のような安全点検表を使って、徹底的にチェック！
- その際、今年の5歳児たちの遊びや行動の傾向や、遊びや生活の動線を考慮に入れましょう。

安全点検表（遊具）

		点検事
鉄棒	1	支柱の腐食や、ペンキのはげはな
	2	ねじが外れたり、緩んだりしてい
	3	着地面が整備されているか。
	4	その他
総合遊具	1	鉄柱や鉄柵に腐食や亀裂はないか
	2	ボルトはねじが緩んだり、外れた
	3	洋服や靴のひもが引っかかるよう
	4	砂場に危険物は落ちていないか。
	5	丸太やロープに破損はないか。
	6	ペンキのはげはないか。
	7	クッション材に破損はないか。
	8	その他
ブランコ	1	鉄柱や鉄柵に腐食や亀裂はないか。
	2	吊り金具や鎖に破損はないか。また
	3	座板に腐食・破損、金具に摩耗や緩
	4	周りに障害物が置かれていないか。
	5	着地面が整備されているか。
	6	きしみなく、なめらかに動くか。
	7	その他
すべり台	1	支柱・滑走部・落下防止柵などにぐら
	2	ボルトの緩み、金属の腐食・破損はな
	3	洋服や靴のひもが引っかかるような箇
	4	着地面が整備されているか。
	5	その他

安全点検表（園庭・砂場など）

				点検者印	
		点検事項	結果（不良箇所・程度）		処理日
園庭	1	小石、ガラス片、釘などの危険物は落ちていないか。			
	2	凹凸のできている場所はないか。			
	3	排水溝にごみが詰まっていないか。			
	4	築山の土手に、凹凸のできている場所はないか。			
	5	築山のロープに破損はないか（滑りやすくなっていないか）。			
	6	敷石にぬめりはないか。			
	7	樹木に毛虫や害虫が発生していないか。			
	8	樹木に折れそうな枝はないか。			
	9	その他			
砂場	1	砂の量は十分で、いつもやわらかくなっているか。			
	2	石、ガラス片、釘、犬や猫の糞などが混じっていないか。			
	3	砂場の枠の安全性は確保されているか。			
	4	その他			
家禽舎	1	ドアの開閉時に危険がないか（対策ができているか）。			
	2	鉄柵などの腐食・破損はないか。			
	3	飼育小屋内の棚などが、幼児の顔や体に触れやすくなっていないか。			
	4	地震時などに衝突の危険がある物を、窓ガラスのそばに置いていないか。			
	5	排水溝にごみが詰まっていないか。			
	6	その他			

4・5・6月 保育の展開

環境 「思考力」を育てる環境作り

教育要領・保育指針等の改訂で注目されている「幼児期の終わりまでに育ってほしい姿」のなかに「思考力の芽生え」があります。その力が育つ環境設定を考えてみましょう。

🌸 「思考力」とは？

　思考力とは、子どもたちが直面している問題を「考えたり」「試したり」「工夫したり」する力です。そして、そこには、感覚や知覚、さらに概念、判断、推理といった高度の心的機能が働きます。

　思考力は学習の基盤となる力なので、小学校教育につながっていく5歳児期には特に大切にしたいものです。ここでは、まず日常的な環境のなかで、「ものの見方や考え方」を育てる環境作りのポイントを紹介します。

1 思考力を育てる室内環境

◆同じ種類のものを集める

　子どもたちはものを集めることが大好き。それらを自分たちなりのルールや秩序で並べたり、種類ごとに分けたりしている。そうした遊びのなかで、それがどれも同じような形・用途だと気づいていく。

◆心くすぐる、片づけ上手な環境

　片づけにも同様の感覚が発揮され、同じような形の皿や容器などを細かく分類・整理することが大好き。
　この「仲間分け」は「集合」の基本的な考え方。このような形の同一性や用途ごとの仲間分けがうまく進むかどうかは、遊具や用具の棚やかごの配置、その表示の仕方などで決まってくる。普段の生活のなかに「わかりやすい環境」「使いやすい環境」を作ることで、考えたり、気づいたりが繰り返され、それが数量や図形の感覚を育てることにつながっていく。

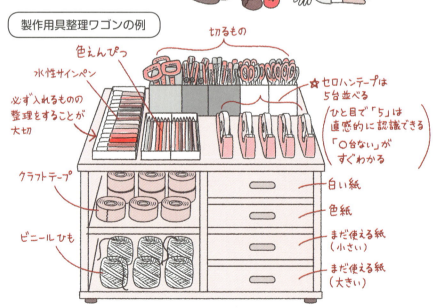

製作用具整理ワゴンの例
- 切るもの
- 色えんぴつ
- 水性サインペン
- 必ず入れるものの整理をすることが大切
- ☆セロハンテープは5台並べる
- ひと目で「5」は直感的に認識できる
- 「○台ない」がすぐわかる
- クラフトテープ
- 白い紙
- 色紙
- ビニールひも
- まだ使える紙（小さい）
- まだ使える紙（大きい）

2 思考力を育てる自然環境と遊び

①**よく見る**
【物事自体を詳しく見たり、触ったりする】
(a) 比較しながら見る
(b) 関連づけながら見る
(c) 条件に着目しながら見る
(d) 多面的に追求する

②**気づく（規則性や分類性）**
(a) 規則性
　（こうすると、いつも同じことが起こる）
　　例えば、水は高いところから低いところへ流れることなど。
(b) 分類性
　（同じような形や用途に分けて整理できること）

③**推論する**
【こうしたら、こうなるだろう】
「こうしたら、こうなるだろう」とか、「こうなったのは、○○だから」と、因果関係を考えることに発展。
例えば、七夕飾りを染め紙で作るとき、二つ折にして、こう絵の具に浸すとハート形になる。では、ダイヤ形にするにはどうしたらよいかなど。

4・5・6月 保育の展開

環境

「非認知的能力」を育てる

教育要領・保育指針等の改訂でクローズアップされた「非認知的能力」。
この力を、日々の保育のなかで育てていくヒントを紹介します。

「非認知的能力」とはなにか？

　　人間の能力には、知育指数として計れる「認知的な能力」と、そうしたものでは計れない「非認知的な能力」があります。
　　「非認知的な能力」とは、「真面目さ、粘り強さ、忍耐力、協調性、自制心」といった、人間性の涵養（かんよう）につながるものです。これは心情・意欲・態度として日本の幼児教育が大切にしてきたものと同様です。

非認知的能力が育つシーン

育つ非認知的能力 ⇩

＜目標の達成＞

○クラス対抗リレーで「金メダルを目指すぞ！」「オー！」。 ➡ 【目標への情熱】

○そのために、バトンの受け渡しを何度も練習する姿。 ➡ 【忍耐力、協調性】

＜他者との協力＞

○年少児をやさしくエスコート。 ➡ 【思いやり】

○公共施設の係の人に、「ありがとうございます」と挨拶。 ➡ 【社交性、敬意】

＜情動の抑制＞

○「ありがとう」「すごいね」とみんなから感謝される。 ➡ 【自信】

○人を許してあげたり、がんばっている自分を「好き」と思えたりする。 ➡ 【自尊心】

保護者とのパートナーシップを築く

保護者対応

園生活が落ち着いてくると、子どもの特徴とともに保護者の特徴もわかってきます。よく話をする保護者がいる一方で、関わりの薄い保護者も…。偏りなく接するには？

4・5・6月 保育の展開

偏りなく関わる

保護者は、わが子と担任保育者の関わりに関心を向けています。まずは一人ひとりの保護者に声をかけて、子どものよいところを伝えましょう。「先生は、うちの子の○○なところにも気がついてくれている」と安心できるように、日常の出来事を少しでも知らせていきます。

また、誰と話をしたかが自分でわかるようにチェックしておくことで、偏りが防げます。このことが保護者の安心感につながり、子どもへの気持ちにも返っていきます。

「10日間で全ての保護者にひと言でも声をかけよう！」と目標を立てて取り組むぐらいの気持ちで、保護者との関わりをもつようにしましょう。

◆関わりにくい保護者にはより積極的に

関わりにくいと感じる保護者に対しては、距離を取りがちになりますが、そこは保育者の方から積極的に関わるようにしましょう。子どものよいところや輝いていたシーンをたくさん伝えることで距離が縮まります。保護者との絆を確かなものにする大切なポイントです。積極的に話しかけていくことで、相手の特徴や気持ちがわかってきて、関わりにくさが解消されます。

◆1話したら3は聞こう

話をするときには、保育者が一方的に状況を伝えることがないようにしましょう。話したいことを少し伝えたら、相手の表情をよく見ます。納得しているようであれば要点を伝え、今度は相手の話を聞く時間をもちます。

納得をしていない様子であれば、例えば「○○ちゃんはお母様にどんな話をしていますか」など、状況が把握できる話題をつくります。

いずれの場合でも、一方的に話をせずに、「1話したら3は聞く」バランスで、保護者の気持ちを捉えていきましょう。

7月

月案 ……………… p70
週案 ……………… p72
日案 ……………… p74
保育の展開 ……… p84

子どもの姿と保育のポイント

意見を言ったり、話を聞いたり

　この頃になると、リズム遊びや劇遊び、共同製作などで、友達の思いや考え、イメージなどを感じながら、動いたり遊んだりすることを楽しめるようになってきます。また、例えば夕べの集いや宿泊保育などのイベントを期待をもって企画したり、準備を進めることを楽しむ姿が見られるようになります。

　自信をもって自分の意見が言えることと、相手の話をしっかり聞いてあげることや理解できることは、「表裏」の関係にあります。一人ひとりの子どもたちが自信をもって自分の意見を言う姿を支援するとともに、友達の話を真剣に聞こうとする姿を「さすが！」とたたえていきましょう。

　意見の言い方については、小学生といっしょに行う活動を経験すると、見違えるほどじょうずになります。「かっこいい！」「すごい！」と感動すると、子どもたちはすぐに自分でも試すものです。

友達や自分の"よさに気づく"ということ

　客観的に他者と自分を評価できるようになってきた5歳児たちは、「よさ」や「悪さ」についてとても敏感です。

　教育として大切なことは「よい」「悪い」の二元論でものを見るのではなく、全ての人や物事が併せもっている「よい面」と「悪い面」を見抜く力とそれを生かす力をつけることです。

「○○って、Aくんのいいところだよね」「今のBさんの言葉って、すごく優しくて感動しちゃった」など、保育者側から発信してみましょう。

新要領・新指針の視点で

今月の保育ピックアップ

子どもの活動
それぞれのよさに気づく

夕べの集いや友達との宿泊保育、また1年生といっしょに行う活動など、積極的に自分の思いや考えを言ったり、相手の話を聞いたりするなかで、それぞれの持ち味やよさに気づいていきます。 協同性

環境構成
表現活動の広がりを期待して

織姫とひこ星のロマンスから、星や星座、宇宙への関心へと子どもたちの好奇心が広がっていくよう、さまざまなタイプの教材を研究しましょう。絵本、劇遊び、またプラネタリウム鑑賞なども効果的です。 感性・表現

7月

7月のテーマ

友達と工夫し合い、表現し合うなかで、自分の意見を言ったり友達の話を聞いたりして、それぞれのよさに気づく。

保育者の援助
暑い夏に向かっての体調管理

4月から蓄えてきたさまざまな力が発揮される7月だからこそ、体調管理も大切です。
水遊び、夕べの集い、宿泊保育、プラネタリウムなどへの園外保育など、変化の多い月だけに、それぞれの活動内容や場面で、子どもたち自身が体調や衛生、安全のことについて意識できるように声かけをしていきましょう。 健康

これもおさえたい！
小学校との合同活動

1年生が小学校生活に慣れたこの頃、保幼小の合同活動を計画するのによい時期です。筆者の園ではこの時期、子どもたちと小学校へ行って、1年生が学校で見つけた「おもしろいもの」や「お気に入り」をいっしょに巡る「小学校『宝探し』オリエンテーリング」という活動を行っています。子どもたちにとって、「小学校」という未知の場が、宝物いっぱいの魅力的な場所に生まれ変わります。

＊文末の 自立心 協同性 思考力 などは、その活動のなかに見られる「幼児期の終わりまでに育ってほしい姿」を表しています（30ページ参照）。

7月 月案

前月末の子どもの姿
- 友達と活動するなかで、友達の思いや考え、イメージなどを感じながら動いたり遊びを進めたりする姿が見られるようになる。
- 夜の園を体験する夕べの集いや宿泊保育への期待をもって生活する。

＊表中の 自立心 協同性 思考力 などは、その活動のなかに見られる「幼児期の終わりまでに育ってほしい姿」を表しています（30ページ参照）。

	ねらい	子どもの活動内容
養護	◇安全や衛生について必要なきまりを守り、水遊びを楽しむ。 ◇自分で食べること、寝ること、起きることなどをしっかりと意識して、宿泊保育に向けての準備をしたり、宿泊保育に参加したりする。	◇安全や衛生について必要なきまりを守り、水遊びを楽しむ。 ◇暑い夏に向けて健康に関心をもち、水分補給や活動と休息のバランスなどを意識する。 健康
教育	◆いろいろな行事や活動に向かって、試したり工夫したりして遊ぶ楽しさを味わう。 思考力 ◆自分の思いや考えを話したり、友達の話を聞いたりしながら、目的を確かめたり準備をしたりする。 ◆身近な材料を使い、試したり工夫したりして、夕べの集いの準備を進める。 ◆小学校探検や夕べの集いの活動の目的を確かめたり準備をしたりして、いっしょに進めていく楽しさや充実感を味わう。 協同性	◆夏野菜を収穫して、くじ引きをする。当たった野菜は持って帰る。 ◆板締めで染め紙を作ったり、七夕飾りを作ったりする。 ◆七夕にちなんだ物語を聞いたり、歌をうたったり、「天の川」のリズム劇をしたりする。 ◆自然物や身近な素材を使って、遊びや行事などに使うものを作る。 ◆あさがおやほうせんか、藍などの夏の草花や、せみやとんぼなどの昆虫に関心をもち、見たり、触れたり、調べたりして関わる。 自然・生命 ◆夕べの集い・宿泊保育に参加する。 ★1年生との合同活動「宝物探し」を楽しみ、校内を巡ったりいっしょに調べたりする。 
の教育活動後の時間	**認定こども園等** ●夏の生活の仕方について知り、期待をもつ。 ●夏休みの過ごし方がわかり、保育者や友達と生活作りをする楽しさを感じる。 自立心 ●一人ひとりの生活ペースに合わせて、安心して生活する。	●自分の夏休みの予定がわかり、見通しをもって生活する。 ●行事への期待や楽しかった思いを、保育者や友達との関わりのなかで再現したり、言葉で伝えたりする。 言葉 ●自然の変化に気がつき、遊びや生活に取り入れる。 ●自分の思いを安心して表す。

保幼小連携
★小学校「宝探し」オリエンテーリング
新1年生が小学校で見つけた「お気に入り」や「おもしろいもの」を探す「宝探し」に、園児も参加してみる。小学校に行って、いっしょに校内を歩いたり、いっしょにお気に入りの曲をうたったり踊ったりする。

子育て支援・家庭との連携
- 夕べの集いや宿泊保育をきっかけに、食べる、寝る、起きる、排便する、自分の身の回りを整理整頓するなど、基本的な生活習慣を意識する。
- 生活習慣の自立について保護者の相談に応じたり、夏休みの過ごし方を伝えたりする。

今月の保育のねらい

- 身近な素材を使い、試したり工夫したりして遊ぶ。
- 自分の意見を言ったり友達の話を聞いたりしてイメージを共有し、表現し合うなかでそれぞれのよさに気づいていく。

行事予定

- 七夕集会
- プラネタリウム鑑賞 ●交通安全教室
- 夕べの集い   ●宿泊保育
- ★小学校「宝探し」オリエンテーリング

◇…養護面のねらいや活動　◆…教育面のねらいや活動　★…保幼小接続関連活動

保育者の援助と環境構成

◇水遊びでは体調の変化に応じて、水に入ったり出たりしていけるよう、表情や体の様子に注意し、必要に応じて言葉をかける。

◇暑い夏に向かって、子どもたち一人ひとりの経験や心身の発達の様子を把握して、期待や自己肯定感が感じられる雰囲気のなかで、基本的生活習慣の指導を行っていく。

◆七夕など星にちなんだ伝説を紹介したり、身近にある施設を利用してプラネタリウムなどを鑑賞する機会をもつ。

◆劇遊びやごっこ遊びに使う道具や、身につける衣装などに必要な用具や材料を、子どもたちと話し合いながら準備していく。

◆夕べの集いでは、日常の園では味わえないような、仲間との夜の園の体験などを大切にする。

★小学校との合同活動では、小学校と園の生活や文化の違いを楽しみ、子どもたちの考え方の多様化を促していく。　社会生活

- 夏ならではの生活や5歳児として取り組むことについて知らせることで、期待感をもって夏休みを待つことができるようにする。
- 一人ひとりのやりたいことや特性を捉えて、自分のペースで過ごせる時間や場所、遊具を整える。

保育資料

【うた・手遊び・リズム遊び】
- スワンのつばさ　・七夕さま
- うみ　・夏休みのうた
- 阿波おどり　・天の川（リズム劇）

【自然遊び】
- 色水遊び
- とうもろこしの皮やひげで人形作り
- とんぼ捕り　・せみ捕り

【運動遊び・伝承遊び】
- プールで水遊び　・木の中のリス

【表現・造形遊び（絵画製作）】
- 板締めの染め紙
- 風車や牛乳パックの水車作り
- 木工での船作り　・七夕飾り

【絵本・物語】
- スイミー
- 七ひきのねずみ
- なぜあらそうの？
- たなばた

▷…子どもの育ちを捉える視点　▶…自らの保育を振り返る視点

今月の食育

- うめシロップを適度に薄めて、ちょうどいい濃さのジュースを作って飲む。
- 宿泊保育では、ごはんチームが豚汁やおにぎりを調理し、全員で感謝の気持ちをもって楽しく夕食をとる。食材の栄養を考える場でもある。

自己評価の視点

▷自分の意見を言ったり友達の話を聞いたりするなかで、イメージを共有し、もち味を表現していたか。

▶子どもを刺激して、試したり工夫したりしたくなるような活動や行事などの「こと」や、表現できる「もの」を構成できていたか。

7月 週案

＊表中の 自立心 協同性 思考力 などは、その活動のなかに見られる「幼児期の終わりまでに育ってほしい姿」を表しています（30ページ参照）。

	第1週	第2週
ねらい	◆いろいろな行事や活動に向かって、試したり工夫したりして、遊ぶ楽しさを味わう。 思考力 ◆自分の思いや考えを話したり、友達の話を聞いたりしながら、目的を確かめたり準備をしたりする。	◆七夕集会など、行事の準備をしたり参加したりして、そのいわれや意味などに関心をもつ。 ◆自分の思いや考えを話したり友達の話を聞いたりしながら、目的を確かめたり準備をしたりするなかで、友達のよさに気づく。
活動内容	◇安全や衛生について必要なきまりを守り、水遊びを楽しむ。 ◆夏野菜を収穫してくじ引きをする。 ◆板締めで染め紙を作る。折り方を工夫して、できる模様を楽しむ。 数量・図形・文字 ◆七夕飾りを作ったり、「天の川」のリズム劇をしたりする。 ◆身近な素材を使って、水車や水鉄砲、船などを動かしたり浮かべたりして試しながら、作ったり作り変えたりしていく。 ◆あさがおやほうせんか、藍などの夏の草花や、せみやとんぼなどの昆虫に関心をもち、見たり触れたり調べたりして関わる。 自然・生命	◆短冊に願いごとを書いたり、ささ飾りを作ったりする。 数量・図形・文字 ◆七夕集会に参加する（「天の川」のリズム劇も披露する）。 ◆プラネタリウムを見学する。 ◆夕べの集いの役割を決め、チームの名札を作る。夜店などの内容について話し合って準備する。 協同性
援助と環境構成	●それぞれの子どもの、感じたことや考えたことを言葉で表現しようとする意欲や、聞いてほしいという気持ちを受け止め、気づいたことや感じたこと、考えたことを対話のなかで共有していく。 言葉 ●せみなどの昆虫に興味や関心がもてるよう、捕ったり飼ったり調べたりできる道具や容器、図鑑などを整えておく。 ●リズム劇の物語や曲想について話し合い、体の動かし方や空間の使い方を共有し、皆で表現する楽しさが味わえるようにする。 感性・表現 ●水遊びでは、体調の変化に応じて水に入ったり出たりしていけるよう、表情や体の様子に注意し、必要に応じて言葉をかける。	●七夕など、星にちなんだ伝説を紹介したり、身近にある施設を利用してプラネタリウムを鑑賞する機会をもったりして、宇宙や星、星の伝説などに対するイメージが膨らんでいくようにする。 ●劇遊びやごっこ遊びに使う道具や、身につける衣装などに必要な用具や材料を、子どもたちと話し合いながら準備していく。 ●子どもたちの関心に合わせてフープやビート板などを取り出せるようにしたり、子どもたちと誘い合って動いて、水流を作ったりして遊ぶ。

認定こども園等

教育活動後の時間	●行事（七夕）があることや自分たちが進めることなどを楽しみにする。 ●夏の季節を感じながら、自分が興味をもったことを十分に楽しむ。	●夏の自然や夏の季節感を楽しむ。
援助と環境構成	●一人ひとりの話を保育者がじっくりと聞くことができる時間や空間を作っていく（ほっとしながらしたいことを楽しむことができる遊具や、1、2人で遊ぶことができる場所を作る）。 ●水遊びができる道具や場所を用意する。	●夏の夕方に吹く風、風鈴の音、水に触れる心地よさや空や雲の様子など、夏の自然に興味がもてるようにしていく。 ●保育者から絵本を読んでもらったり、その本について話をしながらゆったりと時間を過ごす。 言葉

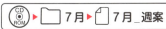

◇…養護面のねらいや活動　◆…教育面のねらいや活動　★…保幼小接続関連活動

第3週	第4週
◇暑い夏に向かって健康に関心をもち、水分の補給や活動と休息のバランスなどを意識する。 健康 ◆小学校探検や夕べの集いなどの活動の目的を確かめたり準備をしたりして、いっしょに進めていく楽しさや充実感を味わう。	◆友達と考えを出し合い、よさを生かしながら、試したり工夫したりして生活する楽しさを味わう。 ◇夏休みに向かう生活の準備をする。
★小学校へ行き、1年生と「宝物探し」で校内を歩いたり、うたったり踊ったりする。 ◆準備の状況について伝え合ったり、確認したりしながら夕べの集いの準備を進める。 協同性 ◆夕べの集い、宿泊保育に参加する。 ◆ヨーヨー釣り屋、ゴム鉄砲の射的屋、お面屋、カラオケ・ダンス屋、お化け屋敷などの夜店を企画、準備、運営して、客として訪れる3、4歳児たちと関わったり世話をしたりする。 ◆踊りやフォークダンス、花火を楽しんだりする。	◆開くと左右対称にできる図柄を工夫しながら藍の葉やあさがおなどを使ってたたき染めをする。 ◆夕べの集いで見た花火やせみなどの昆虫の絵を描く。 ◆「うみ」「夏休みのうた」などの歌をうたう。 ◆夏休み中に世話や管理がしやすいよう、飼育動物や栽培植物の置き場を工夫する。 ◆大掃除（園庭倉庫の掃除、砂場道具の洗浄と整理、机や窓ガラス磨き）をする。 
★小学校との合同活動「宝物探し」では、宝物に対するイメージや意味について話し合い、児童たちの宝物観との対比から生まれてくるものに注目し、子どもたちの考え方の多様化を促す。 ●夕べの集いでは、日常の園では味わえないような仲間との夜の園の体験などを大切にする。 ●子どもたち一人ひとりの経験や心身の発達の様子を把握して、そのことができるようになった喜びが感じられる雰囲気のなかで、基本的生活習慣の指導を行っていく。また、仲間と寝食をともにするなかで、親近感や一体感が味わえるようにする。	●たたき染めをする過程で葉の色やデザイン的な美しさや不思議さが感じられるよう、子どもたちの気づきをもとに会話しながら進めていく。葉の汁の色が酸化して変化する様子に注意を向けていくとともに、見比べられるような配置を工夫する。 数量・図形・文字 自然・生命 ●宿泊保育で自信を得た子どもたちが、話したり描いたり作ったりして表現しようとする姿を後押しできるようにするとともに、その意欲が十分に促されるような画材なども用意する。 ●夕べの集いなど、計画して実行してきた生活を振り返り、夏休みの生き物たちの生活を考えるようにする。
●楽しかったことや興味をもったことを再現して、自分なりにやりたいことが追求できるようにする。 ●夏の生活の仕方を考える。	●保育者や友達と話し合いながら、夏の生活の仕方を自分なりに考えて準備する。
●さまざまな活動の経験から、一人ひとりが興味をもったことが再現できるように環境や材料を用意する。 ●夏休みが近づいていることを知り、夏の間にやりたいことについて考えたり伝えたりするきっかけを作る。	●夏の遊びや生活がより楽しくなっていくように、子どもたちの考えを聞いて、実現できるように準備を進めることで、夏の生活に期待感をもてるようにする。

| | 幼稚園の例 |

7月 日案

7月17日(火)

前日までの子どもの姿	●夕べの集いで行う夜店の景品作りや遊び場コーナーなどの準備を進めるなかで、その目的や自分の役割を確認し合いながら、友達といっしょに活動することを喜んでいる。

ねらい	●1年生といっしょに小学校を探検する楽しさを味わい、小学校の生活や学習に関心をもつ。	主な活動	●宝物探しオリエンテーリング(小学校との合同活動)

※小学校との合同活動の記述では、わかりやすいように、園児を幼児、小学生を児童と書き分けている。

時間	子どもの活動内容	保育者の援助	環境構成など
9:00	●登園する。 　挨拶をして、持ち物の始末をする。 ●夕べの集いへ向けての活動をする。 ・夕べの集いで行う夜店や遊び場コーナーの準備、また景品作りなどを、友達といっしょに話し合いながら進めていく。	●前日までの活動に対して、自分なりの意見や提案を出す子どもたちの気持ちを大切にし、そのグループが支持的な雰囲気のなかで話し合い、前進できるようにサポートをしていく。	●小学校へ出かける時間をホワイトボードに大きく掲示しておき、幼児がそれぞれ見通しをもって活動できるようにしておく。
10:10	●小学校へ移動する時間が近づいたら、片づけをし、移動の準備をする。		
10:20	●小学校へ移動する。		
10:30	●小学生に挨拶をし、合同活動「宝物探しオリエンテーリング」に参加する。 ・1年生児童といっしょにグループになって活動したり、音楽に合わせて歌ったり踊ったりする。 ・歌やリズム遊びなどのなかで、自分の動きや友達の動きを意識しながら表現する。 ・曲から受けるイメージを伝え合い、曲に合わせてのびのびと動く。	●合同活動のイントロ部分では… ・歌やリズム遊びなどでは、幼児といっしょに曲のイメージや児童たちの表現の工夫について話し合い、動きを見せ合いながら一体感をもって表現する楽しさを味わえるようにする。	＜事前に＞ ●小学校の先生と、この活動に関する打ち合わせをしておく。 ・活動の進行と、幼児や児童の動き。 ・校内の視察(小学校の先生といっしょに校内を回り、特徴などの説明を受けておく)。 ・当日使用する物(ワークシートや筆記用具)を準備しておく。

時間	子どもの活動内容	保育者の援助	環境構成など
10:50	●児童や友達とイメージを伝え合いながら「宝物探しオリエンテーリング」をする。 ・小学校の先生の「宝物探しオリエンテーリング」についての話を、関心をもって聞く。 ・児童や友達の考えや感じ方に関心をもって聞き、自分の考えや感じたことを喜んで話す。 ・1年生といっしょに「宝物探しオリエンテーリング」をして校内を歩いたり、クイズについて考えたりしながら、小学校のいろいろな物や人に関心をもつ（池のこいや体育館のライトを数えたり、音楽室で楽器を鳴らしたりする）。 ・小学生や小学校の生活に触れながら、他者の思い入れや思い入れのある物などに気づく。 ・必要なときに、小学生や先生などに助けを求める。	●児童や友達とイメージを伝え合いながら活動する楽しさが味わえるようにする。 ・活動のなかで、それぞれの児童や幼児が自分の感じたことや考えたことを言葉で表現しようとする意欲や聞いてほしいという気持ちを受け止め、気づいたことや感じたこと、考えたことを会話のなかで共有していく。 ・児童といっしょにクイズについて考えたり、協力して活動したりするなかで、自分と違うところに気づいたり、年上の小学生に憧れたりする気持ちに共感していく。 ・個々のもつ「宝物」に対するイメージや意味について話し合い、「自分にとって大切な物や思い入れのある物、興味のある物」という幼児なりの「宝物観」と、小学校生活の暮らしのなかで、すでに児童たちが共有しつつある「宝物観」との対比から生まれてくるものに注目し、幼児たちの意識の深化を助ける。	●準備しておいたワークシートと筆記用具を幼児に配布する。
11:50	●活動の終わりの集まりに参加し、意見を言ったり聞いたりする。 ●小学生に挨拶して、園に戻る。		
12:25	●昼食を食べる。		
14:00	●降園する。		

自己評価の視点

子どもの育ちを捉える視点

●1年生と活動する喜びを感じながら、小学校のいろいろな人や環境物に関心をもって関わっていたか。

自らの保育を捉える視点

●子どもたちが小学校の生活や学習への興味や関心、親しみをもって、いろいろな人や環境物に関わっていくための援助ができていたか。子どもの「宝物」に対する思いや考えを引き出し、表現を促せていたか。

月案	p78
週案	p80
日案	p82
保育の展開	p84

子どもの姿と保育のポイント

夏ならではの生活づくりを

　"夏"といえども、園で集団生活をする子どもたちです。できるだけ一人ひとりが安心した気持ちでゆったり過ごし、自分のやりたいことを十分に楽しむことができる環境づくりを心がけます。また、時には自分の目標に向かってひたむきに挑戦したり、自分のやり始めたことに没頭したりするなど、メリハリのある生活づくりをしていきましょう。

　長時間の園生活のなかで、日々の保育内容がマンネリにならないような変化が、日々の生活を充実させることにもつながります。夏季保育の内容とリンクしながら、変化に富んだ計画を立てていきましょう。

2学期のエネルギーにつながる体験

　夏ならではの体験といえば、プール、水遊び、昆虫採集などがあります。5歳児は、これまで知らなかったことや少し難しいことに挑戦したいという意欲に満ちています。

　プールでは、自分で目標を決めて挑戦する時間や場所を保障するとともに、泳ぐためのポイントを知らせることで得た満足感が自信となるでしょう。また、昆虫を見つけたり、その生態を知ったりなどの機会も大切にしましょう。さまざまな人と関わり多様な経験をすることは、子どもたちの意欲につながっていきます。興味が広がり、意欲が高まる生活を目指していきましょう。

新要領・新指針の視点で 今月の保育ピックアップ

子どもの活動

自分なりの挑戦や気づきができる遊びや生活

- プールで何度も自分の目標に向かって挑戦する。
- 水を使った遊びで、いろいろ試したり考えたりする。
- その他、夏にしか経験できない夏野菜の収穫や昆虫採集なども楽しむ。 `自然・生命`

保育者の援助

生活に見通しをもつ

生活に見通しをもつように促しましょう。自分たちで計画を立てたことが実現していくことが、喜びや自信につながります。 `健康`

8月のテーマ

夏の生活を楽しむなかで、さまざまなことに興味・関心を広げる。

保育者の援助

いつもと違う生活者として

夏の保育では、いつもと違うメンバーや保育者と生活をすることも多くあります。いっしょに夏の生活をする一員として、子どもが主体の生活づくりをします。それぞれの保育者の得意なことを保育に取り入れることが、日々の楽しみや出会いになり、夏ならではの豊かな生活づくりが可能になります。また、長時間のゆったりとした園生活のなかで、一人ひとりがじっくりと取り組みたいことを保障し、認めたり励ましたりすることが、2学期からの意欲につながります。

これもおさえたい！

夏ならではの多様な体験を

子どもたちが、夏ならではの体験ができるように、地域の方々やボランティアの学生の力を保育に取り込んでいくことで、普段の生活では体験できないことや多様な関わりがもてるようになります。プール、水遊び、読み聞かせ、地域探索、製作などの講師や補助として、積極的に取り入れてもおもしろいですね。 `社会生活`

＊文末の `自立心` `協同性` `思考力` などは、その活動のなかに見られる「幼児期の終わりまでに育ってほしい姿」を表しています（30ページ参照）。

8月 月案

前月末の子どもの姿

- 夕べの集いや宿泊保育を経験し、自信を得た子どもたち。そうした体験を振り返って、友達と話したり、虫や花火の絵を描いたりすることに集中する姿が見られる。
- 3、4歳児たちに教えたり、手伝ったりすることを喜び、自信をもって行動するようになる。

*表中の 自立心 協同性 思考力 などは、その活動のなかに見られる「幼児期の終わりまでに育ってほしい姿」を表しています（30ページ参照）。

	ねらい	子どもの活動内容
養護	◇夏の健康的な生活の仕方について知り、休息、睡眠、栄養を自分なりに考えて取ろうとする。 健康	◇夏は睡眠や栄養がどうして必要なのかを、看護師の先生の話を聞いて自分の生活と比較しながら考える。 ◇自分なりに考えて水遊びを楽しむとともに、水遊びへの参加の仕方を知り、安全や健康について考えて行動する。
教育	◆水遊びの心地よさや解放感を十分に味わう。 ◆夏ならではの生活を楽しみ、自分のやりたいことに思い切り挑戦する楽しさを味わう。 ◆異年齢の子どもとの関わりを楽しむ。 ◆さまざまな人との関わりを喜び、その経験を遊びや生活に取り入れる。 ◆夏の自然に触れるなかで、興味を深めたり関心を広げたりする。	◆プールでは、自分なりの目当てに向かって挑戦する楽しさを感じる。 ◆兄弟や異年齢の友達と関わるなかで、頼られたり喜ばれたりする嬉しさを感じる。 自立心 ★ゲストティーチャーとの関わりを通して、興味や関心を広げる。 社会生活 ◆自分で考えたことや、夏のさまざまな出会いや経験を、言葉で保育者や友達に伝える。 言葉 ◆夏野菜の成長や変化に気づき、観察する。 自然・生命 ◆植物の変化、星、台風、スポーツなどさまざまな事象に関心を持つ。
教育活動後の時間	**認定こども園等** ●ゆったりとした時間のなかで、思いや考えを伝えたり、友達の思いを知ったりして過ごす。 ●一日の流れや自分の生活の予定などがわかり、見通しをもって生活する。	●自分だけの場所、空間をもつことで、じっくりと自分のやりたいことに向き合って過ごす満足感を味わう。 ●ゲストティーチャーやボランティアから教えてもらうことを楽しむ。 ●友達と関わりながら自分たちでしたい遊びを楽しむ。

保幼小連携

★小学校などいろいろな校種の先生方をゲストティーチャーに招き、先生たちに対する親しみがもてるようにするとともに、理科をはじめとする教科学習への興味や期待を促していく。ポイントは、「すごーい」と「おもしろそう」。

子育て支援・家庭との連携

- 夏季保育では子どもたちだけでなく、多くの保護者にも参加を呼びかけるとよい。子どもたちとともにしっかりと楽しむことが基本となる。
- 参加の過程で、遊びのもつ意味や援助の仕方について説明し、幼児理解を深めてもらうチャンスとする。
- 災害時に備えて、緊急メールの送信をテストする。

今月の保育のねらい

- 夏休みならではのプログラムに参加し、のびのびと活動する。
- リーダーとしての気持ちをもち、年少者と関わったり援助したりする。

行事予定

- 夏季保育（科学実験遊び、とことん虫捕り、流しそうめん、平和について考える、など）
- 登園日（幼稚園）

◇…養護面のねらいや活動　◆…教育面のねらいや活動　★…保幼小接続関連活動

保育者の援助と環境構成

◇夏の生活に必要なことが具体的にわかるように、視覚教材を使ってわかりやすく伝え、自分自身のことに置き換えて考えることができるようにする。

◇水遊びやプールでは、健康状態を把握しながら水に入っている時間や活動量を調整する。

◆異年齢のなかで、5歳児として役に立っているところや成長したところを具体的に知らせ、褒める。 [自立心]

◆ゲストティーチャーから教えてもらったこと（科学実験遊び、虫捕りなど）を、自分たちの遊びとして楽しむことができるように環境を整える。

◆新聞や図鑑、インターネットなど、さまざまな情報に触れる機会を作る。 [社会生活]

●甘えたい気持ち、自分の話をゆっくりと聞いてほしい気持ち、褒めてほしい気持ちなど、さまざまな気持ちを受け止めることができるような遊びや遊びの場作りをする。

保育資料

【うた・手遊び・リズム遊び】
・夏の歌　・アルプス一万尺
・エビカニクス　・なんじゃもんじゃにんじゃ

【自然遊び】
・虫捕り　・笹舟流し

【運動遊び・伝承遊び】
・プール　・ボール投げ　・サッカー
・だるまさんがころんだ

【表現・造形遊び（絵画製作）】
・泥粘土　・指絵の具

【絵本・物語】
・ねこざかな
・へいわってすてきだね
・こんなかいじゅうみたことない
・ぐりとぐらのかいすいよく

▷…子どもの育ちを捉える視点　▶…自らの保育を振り返る視点

今月の食育

- 育てている夏野菜の水やりや収穫を行う。野菜のみずみずしい色や形、感触を実感する。
- 全員での昼食は、マナーに気をつけつつ、みんなでほっとひと息つき、異年齢で話して和む時間となる。

自己評価の視点

▷日常の園生活では見られない人との関わり方や行動に満足できたか。
▶地域のさまざまな人的資源や物的資源について把握し、楽しみながら活用できるよう促せたか。

◇…養護面のねらいや活動　◆…教育面のねらいや活動　★…保幼小接続関連活動

	第1〜2週	第3〜4週
ねらい	◇夏の生活に必要なことを自分で考えて行う。 ◇夏の健康で安全な生活について知って過ごす。 ◆自分なりの目標をもって挑戦したり試したりする。 ◆夏ならではの遊びを十分に楽しむ。 	◇生活を自分たちで整えながら過ごし、自信をもつ。 ◆さまざまな人との関わりのなかで興味や関心を広げる。 ◆自分の興味をもったことを探求する。 ◆夏ならではの経験ができるようにする。
活動内容	◇植物の世話や水遊びの準備、食事や午睡の支度など、自分たちの1日の生活に必要なことを知って、保育者といっしょに準備したり片づけをしたりする。　健康 ◇水遊びでは必要に応じて休息をとったり、食事のあとの休憩をとったりする。 ◆ビート板を使って進んだり、けのびやバタ足に挑戦したり、自分なりにプールでできるようになりたいことに向かって挑戦する。 ◆色水遊び、水鉄砲、水路作りなど、水を使ったさまざまな遊びを楽しむなかで、不思議に思ったり試したりする。　思考力	◇ボランティアの学生や地域の方と関わり、親しみの気持ちをもつ。　社会生活 ◇年長児としての意識をもち、小さい組と関わって遊んだり、自分たちのできることを知らせたりする。 ◇自分たちでできること（たらいに水を張る、水遊びの道具の出し入れをする、プールを洗う、小さい組の着替えの手伝いをするなど）に取り組み、自信をもつ。 ◆科学実験や流しそうめんなどの経験を遊びのなかで再現したり、不思議に思ったことを調べたりする。　思考力 ◆虫捕り、プール、水遊びなど夏ならではの遊びを十分に楽しむ。
援助と環境構成	●1日の生活の流れがわかりやすいように表示をして、自分たちで動くことができるようにする。また、動植物の世話やプールの支度など保育者が声をかけながらいっしょに行うことで、自分が役に立っているという喜びを味わえるようにしていく。　健康　自立心 ●夏の時期は栄養と休息が大切であることを、さまざまな機会を作り、知らせていく。 ●プールでは「もう少し○○すると早く進むね」「手は…」など、具体的に改善するポイントを知らせていく。 ●水遊びに使えるようなさまざまな道具（樋、ペットボトルを連結できるようにしたもの、ホース、いろいろな容器など）を用意しておくことで、繰り返し試して遊ぶことができるようにする。 ●ゆったりとした時間のなかで、自分なりのペースで遊ぶことができるようにする。 ●夏野菜の収穫や世話を通して変化に気づく。	●自分たちのできることをしている姿を認めて、自身が夏の間の自分たちの成長を感じられるようにしていく。 ●夏休みにしかできないさまざまな経験や体験ができるような機会（科学実験、流しそうめん、ボランティアの手品、読み聞かせ、終戦の日や平和の話など）を作っていく。　社会生活 ●科学実験、手品、虫捕りなど自分の体験したことを再現したり探求したりすることができるように、道具や場所を準備する。また、再現したことを発表することで、夏の終わりに向けて個々の満足感につながるようにする。 ●終戦の日をきっかけに、平和の心について考える機会を作っていく。　社会生活 ●自分がやりたいことをやりたい時間に取り組むことができるように調整をする。

※8月は、ゆったりした生活を基調としているため、ほかの月と表組の形式を変更しています。

夏ならではの活動アイデア例

◎ 科学実験遊び ◎

思考力

<活動内容>
「空気鉄砲作り」やアルカリの科学反応を利用した「色のマジック」、過酸化水素水を使った「バナナの皮、大爆発」など、びっくりどっきりの実験遊びをすることで、科学に興味をもったり、探求する楽しさを感じたりできるようにします。

<援助と環境構成>
理科好きの子どもを育てるため、高校や中学の先生たちにも力を貸していただけるように、日頃からいろいろな校種の先生との出会いを大切にしていくことで、機会を作ることが可能になります。協力をいただける先生に幼児の興味や経験を知らせながら、実験の内容を決めていきます。

◎ とことん虫捕り ◎

自然・生命　社会生活

<活動内容>
虫に詳しい方をゲストティーチャーに迎え、近隣の公園に出かけて、時間を気にせずにせみやとんぼやばったなど、夏の虫をとことん探すことを楽しみます。ゲストティーチャーとの交流によって興味が広がり、夏ならではの楽しい体験になります。

<援助と環境構成>
ゲストティーチャーが、生物の分類科目である網・目・科について知らせることで、秩序立てて分類をする大切さが感じられるようにします。また、弁当や水筒などを持っていくことで、とことん虫を捕る楽しさが味わえるようにしていきます。

◎ 流しそうめん ◎

自然・生命　感性・表現

<活動内容>
流しそうめんの場所作りや食材などの準備をして、涼を楽しみます。オクラやトマトなど、自分たちが栽培した野菜をトッピングしてみんなで味わいます。

<援助と環境構成>
管理栄養士の先生や保健の先生に衛生上の配慮を確認して、準備を進めます。
食物アレルギーに十分に配慮をしながら食材を選び、さらに確認をします（事前のアレルギー調査と確認、承諾をもらうなどの配慮が必要）。
安全に配慮をすることで、楽しくゆっくりと味わうことができるようにします。

◎ 平和について考える ◎

道徳・規範

<活動内容>
8月には、終戦の日（15日）があります。終戦から70年以上が経ち、戦争の恐ろしさや辛さを語ってくれるおじいさんやおばあさんも、年齢的に少なくなってきています。そうした方々を、夏のプログラムのゲストティーチャーに迎えて話をしていただいたり、戦争に関する絵本などを読んだりして、子どもたちと「平和」について考える機会を作ります。

<援助と環境構成>
終戦の日の新聞記事をきっかけに、戦争があったことを知らせることで興味をもち、「どんなこと？」と知りたいという気持ちがもてるようにします。
ゲストティーチャーに戦争の様子やその頃の生活について、わかりやすく解説をしながら話をしていただきます。
『へいわってすてきだね』『せんそう』などの絵本を読み、戦争の対極にある平和について考えることができるようにすることで、相手を思う気持ちや周りの人を大切に思う心の大切さを感じることができるような時間を作ります。

＊表中の **自立心** **協同性** **思考力** などは、その活動のなかに見られる「幼児期の終わりまでに育ってほしい姿」を表しています（30ページ参照）。

8月 日案

認定こども園の例

8月10日(金)

前日までの子どもの姿	●プールでは、自分なりに挑戦をしてできるようになることが増えることがうれしい様子だ。一方、苦手意識の強い幼児もいる。いかだ作りや船作りでは、今までよりも大きいものを作って乗って浮かびたいと考えて友達と取り組んでいる。

ねらい	●生活を進めたり挑戦したりする楽しさを感じる。 ●水に触れ、楽しさや不思議さを感じる。	主な活動	●プールで泳いだり、水遊びを楽しむ。 ●生活や異年齢の友達との関わりを楽しむ。

時間	子どもの活動内容	保育者の援助	環境構成など
	●順次登園する。 ●挨拶をする。 ●プールカードの確認、提出をする。 ●自分の遊びたいコーナーで遊ぶ。	●一人ひとりの表情や健康状態を見ながら受け入れる。 ●プールカードは、自分で内容を確認してから提出できるように、必要に応じて声をかける。	●プールカード入れに、プールが可か不可か、体温、サインの記入があるかどうかが確認できるような提出箱を用意する。
9:30	●学年で集まって今日の予定を確認する。 ●夏野菜の世話や収穫をする。 ●プール遊びの準備をする。 ●水着を着て、4、5歳児合同で準備体操(リズム)をする。	●保育者が予定を知らせるのではなく、自分たちできょうはなにが必要かを考えて一日がスタートできるようにする。 ●着替えは、自分が終わったら4歳児の手伝いとして声をかけて促す。また、自分が手を貸すのではなく、4歳児が自分でできるように教えることを伝える。 ●準備体操では、手本になる幼児を決めて、みんなの前で踊る楽しさを体験できるようにする。	
10:30	●水遊びやプール遊びを始める。 <水に触れる遊び> ・プールで泳ぐ、浮く、顔をつける。 ・水鉄砲で遊ぶ。 ・色水を作る。 ・泡を作る。 ・スプリンクラー。 ・船作り、いかだ作り　など。	●自分なりに挑戦している様子を応援しながら、少し難しい課題を個々の様子に応じてもてるようにしていく。 ●できるようになることにこだわりすぎず、さまざまな水との触れ合いを通して、発見することに興味や関心が向くようにする。	●さまざまな場面でのがんばりや成長を機会を捉えながら認める。

時間	子どもの活動内容	保育者の援助	環境構成など
11:30	●着替えをする。 ・自分の衣類の後始末ができたら、4歳児の世話をする。		
11:55	●昼食の準備をする。 ●昼食を食べる。	●夏は、特に栄養や休息が必要であることを知らせていく。	
12:40	●片づけをする。		
13:30	●絵本を読む、ごろごろするなど、必要に応じて室内で静かな遊びをする。	●一人ひとりの話をていねいに聞き、ゆったりと会話をする時間を大切にする。	
(14:00	●1号認定児降園)		
15:40	●おやつの準備をする。 ●おやつを食べ、片づけをする。	●3、4歳児の世話やおやつの準備など、自分のやりたいことを決めて手伝う楽しさを感じることができるようにする。	
16:00	●室内や戸外で好きな遊びをする。	●異年齢児と関わるなかで、子どもたちが自分たちの成長にも気づくこともできるように関わる。	
16:50	●片づけをする。		
	●室内の自分が遊びたいコーナーで遊ぶ。	●ゆったりとした時間のなかで、遊びたいことを見つけたり保育者との会話や遊びを楽しんだりできるようにする。	●明日に遊びが続くような環境の準備。 ●ブロックや再作成しているものなど、状況に応じた場所や遊具の調整をする。
17:30	●順次降園する。	●翌日の遊びへの期待感をもつことができるような片づけや、場所を残すなどの配慮もする。	

自己評価の視点

子どもの育ちを捉える視点

●水に触れて楽しんだり、水の不思議さへの興味や関心を高めたりしていたか。

自らの保育を捉える視点

●一人ひとりの挑戦や取り組みに対して、できるようになることばかりを高く評価するのではなく、いろいろな場面での取り組みの大切さを感じるような関わりができていたか。

7・8月 保育の展開

行事 年長の夏に行いたい宿泊保育

「親から離れて一泊する」という体験は、子どもたちにとって、それまであやふやだった生活習慣を確立する、ひとつのきっかけとなります。

宿泊保育の意義

宿泊保育を行う意義の1つは、その当日までの過程にあります。寝る・起きる、食べる・排泄（はいせつ）する、自分のことを自分でする、という生活習慣の確立は、家庭のなかだけではなかなか難しいものです。この「宿泊」を伴うイベントは、そうした生活習慣を意識し、確立を促すきっかけとなりえます。

実施上の留意点

●子どもに対して

毎日過ごしている園だけど、みんなが見たことのない「夜の園を楽しもう！」とか、「先生や友達といっしょに寝よう！」というような動機づけで挑みます。もちろん、夜店や盆踊り、花火大会などの楽しいイベントを企画して「楽しみ」の部分を広げ、「心配」な気持ちを軽減します。

●保護者に対して

保護者の方も、初めてわが子と離れるとなると、心配なことも多々あります。事前に説明会を行い、おねしょをはじめとする失敗にも保育者がしっかりと対応すること、翌朝目覚めたとき「やった」「できたー」の笑顔と感動が待っていることを伝えます。

感動のフィナーレを

翌朝のお迎えの時に、子どもたちががんばる様子の写真をスライドショーにして、みんなで鑑賞しましょう。笑いあり感動ありで、就学に向けての自立の一助となることでしょう。

成功の秘訣

事前に生活習慣の見直しを

大人に頼らない生活習慣を身につけるチャンスです。家庭にお便りを出し、宿泊保育があることを機に生活習慣を見直してもらうようにしましょう。

● 早寝・早起き
・8時30分就寝、6時起床。
・自分で床につき、自分で目覚めるリズムを。
● 食生活
・朝食をしっかりとる習慣づけ。
・極端な偏食を直す機会。
● 排泄
・尿意を感じたら、自分でトイレへ行く。
・先の活動を見通して、自分であらかじめトイレを済ませる。
・寝る前に必ずトイレへ行く。
● 衣服の着脱
・衣服を整理し、自分で脱ぎ着ができるように。

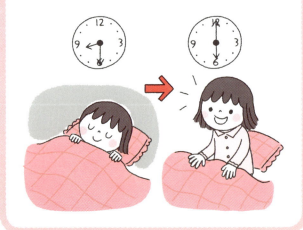

健康

熱中症に気をつけよう

気候や生活の変化から、熱中症にかかる人が増えています。
子どもは特にかかりやすいので、症状と応急処置を知っておきましょう。

🌸 子どもは熱中症にかかりやすい

　熱中症とは、日射病、熱射病などの総称です。
　子どもは体温調整がうまくできないため、温度変化の影響を受けやすい傾向があります。また、状況に合わせて衣服の着脱を調節することや定期的な水分補給を意識して行うことが難しいため、熱中症にかかりやすいといえます。
　室内や車内でも熱中症になります。特に車中は、外気温が高くなくても高温になりやすいので気をつけましょう。

〈日射病の症状〉
・顔は赤く、呼吸は荒くなる。
・皮膚感覚は熱く、体温が上がっても汗が出ない。

〈熱射病の症状〉
・顔は青白く、大量の汗をかく。
・皮膚感覚は冷たい。

🌸 予防のポイント

● 日中、外へ出るときは帽子をかぶる。
● 炎天下では、長時間活動しない。
● 保護者に、吸湿性、吸水性に優れた、肩まで隠れる衣服を選んでもらう。
● こまめに水分補給の時間をとることを怠らない。
● 水分は、できれば電解質の入っている経口補水液を用意する。

🌸 もし熱中症にかかったら…

● 涼しい場所に寝かせる
・涼しい場所に移動し、衣服を緩めて、楽にする。
● 体温を下げる
・湿ったタオルなどで体を拭き、うちわであおぐ。
・首、脇の下、脚の付け根に、冷やしたタオルを当てる。
● 水分を摂る
・電解質の入っている経口補水液を少しずつ、数回に分けて与える。

7・8月 保育の展開

7・8月 保育の展開

健康・安全

プールの朝は、家庭で健康チェックを

楽しいプール遊びを安全に行うためには、事前の健康チェックが大切。次のようなお便りを出し、プールへ入る日の朝は、家庭での健康チェックをお願いしましょう。

プール・水遊びの朝は、健康チェックを

みんな大好きなプール遊び・水遊びが始まりました。水に触れることで皮膚を丈夫にし、心肺機能を高めます。また、体を動かすことで気持ちも開放的になることができます。プール遊びを通して、心と体を鍛えていきましょう。元気に事故なく楽しむために、プールに入る日には毎朝チェックをお願いします。

── チェックポイント ──

- 熱はありませんか？
- せきや鼻水は出ていませんか？
- 腹痛や下痢はありませんか？
- 目・耳・鼻・皮膚などの病気の治療は終わっていますか？
- ばんそうこうは貼っていませんか？
- 手足の爪は短いですか？
- 食事や睡眠はとれていますか？

気をつけて、こんな感染もあります

◆「水いぼ」について

ウイルス感染によってできる「いぼ」の一種で、ブツッとした水疱が体全体に散っていることもあれば、部分的に固まって発症することもあります。乾燥肌やアトピー性皮膚炎の人がかかりやすい傾向にあるようです。

予防としては、肌が乾燥していれば保湿剤を塗り、湿疹があれば早めに治療して、正常な皮膚に戻しておくことが大切です。

プールや水遊びの際の直接接触、ビート板や浮き輪などを介した間接接触で感染する可能性があります。お子様の肌にこうした症状が見られる場合は、皮膚科を受診し、適切な処置を受けたうえでプール遊びへ参加されますよう、お願いいたします。

夏の遊び

みんなで楽しくプール遊び

子どもたちの水に対する感覚は、個々のそれまでの経験により、差があります。そうした個人差があっても、みんなで楽しめる遊びを紹介します。

遊びながら、水に慣れる

夏は、なんといっても水遊びやプール遊びで楽しみたいもの。しかし、「水がこわい」「水が顔にかかるのが嫌」と苦手意識をもっている子もいます。体の筋肉が緊張してしまうと、よけい水になじめません。そこで、水への恐怖心が徐々になくなるように、次のような遊びをしてみましょう。

①ぐるぐる歩き

保育者がまず先導して、プールを円形に歩いて回る。みんなで1周ほど歩けば水流ができて、さらに歩きやすくなる。顔に水がかからない状態で、体を水になじませることが大切。

②輪になってワニ歩き

回転する水流ができたら、膝で歩いてみよう。それができたら、手をついて「ワニになって」歩いてみよう。水深は手をついたとき、顔が水の上に出るくらいの深さ。

③ぐるぐる走り

最後は、立ち上がって水の中を走る。今度はかなり強い水流ができる。流れるプール状態になったら、ビート板や浮き輪などを投入する。水が得意な子は水流に身を任せて各自で泳ぐので、保育者は水が苦手な子どもに対応して支援することができる。

万全の監視態勢を

入水中は、複数の保育者の目で子どもたちを監視するのはもちろんですが、10分に一度は、全員をプールサイドに上げ、子どもたちに異常がないか確認しましょう。

7・8月　保育の展開

「数」や「量」の感覚が育つ場面

5歳児たちは、どんな場面で、どのように、数や量の感覚を身につけていくのでしょうか。そうした場面を意識的に追うと、数量感覚の育ちの様子が見えてきます。

5歳児の生活と数量感覚

子どもの数概念は5歳半以降に獲得されると言われています。「多い・少ない」を感じることから始まり、量から数へと分化していく過程に、この5歳児クラスの園生活があります。ここでは、どのような活動のなかでどのような力が育つかを整理してみます。

1　比べて、数理的な見方を見つける

◆比べる
- 長さ、大きさ、強さ、早さなどの違いに気づく。
  ・同じ大きさのペットボトルでも、水をたくさん入れて重くした方が、早く、遠くまで転がる。

- ものの形（図・形・空間）の共通点・相違点に気づく。
  ・三角2つを合わせると、四角と同じ形になる。

- 3つの群について、多少、長短などの区別をする。
  （A＞C＞B）や（A＝B＝C）など。

数量感覚の育ちと表現

◆関係を比較した表現をする
　～と比べて、～の方が、一番～など。

◆「0」の概念形成
　毎日の欠席調べやけが調べで、誰も該当する人がいないときに0人だという表現。

◆数詞を使って話す
　○人・○個・○本・○枚など。

◆時間や月日を考えて話す
　今日の日付や曜日、現在の時刻を言ったり、時間や月日の順序を考えて話したりする。

2 数えることと、まとまりで把握すること（順序数や集合数）

◆**数える**
・生活の必要に応じて、事物を指さして数えたり、一対一で対応させたりしながら数える。

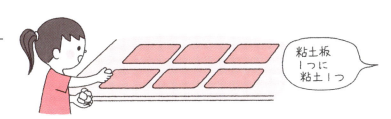

◆**種類や数の違うもの**
・求めに応じて、「○○を○個」、「△△を○個」、「□□を○個」など、種類や数の違うものを取る。

◆**順序や位置関係がわかる**
・前から○人目、右から△番目、下から□段目など、順序や位置関係がわかる。

◆**人数と物の個数を意識する**
・学級の友達と人数や物の個数を意識しながら、テーブルセッティングをする。

◆**同じ量・長さ・大きさがわかる**
・お茶や牛乳などの液体を、同じサイズのコップでほぼ同じ量につぎ分けようとする。
・ひもや紙やホットケーキなどを、同じくらいの長さや大きさに切ったり分けたりしようとする。

月案	p92
週案	p94
日案	p96
保育の展開	p122

子どもの姿と保育のポイント

考えを友達に伝えようとする姿

　友達の考えや協力があると、遊びがより楽しくなっていくということに気づいた子どもたちは、秋口から、ダイナミックな活動に挑戦するようになります。
　そこで、保育者は、そんな子どもたちの気づきに共感しながら、自分の考えを相手に表現しようとする意欲を励ましていきましょう。

リーダーシップを意識して

　運動会の内容を考えたり、小さい組に呼びかけたりする姿を励まし、クラスの話し合いの場で日程的な見通しや、活動の状況、小さい組の期待などを共有していけるように支えていきましょう。
　ルールや役割をめぐってのトラブルや口論の場面では、それぞれの因果関係がわかるように、周囲の友達といっしょに十分に話を聞くようにするとともに、「〇〇のつもりだった」という意図に、その子らしさやよさを見つけていきましょう。

情報に興味や関心をもつ

　身近な学校や施設などの運動会に参加した子どもたちからさまざまな情報が入ってきます。その情報を遊びのなかに取り入れて活動する様子を見守りながら、周囲の地域環境に興味をもって関わる姿を励ましましょう。
　また、台風、地震などの自然災害の情報に関心をもって生活できるよう、ニュースなどの内容を話題にしたり、災害時の行動について知らせたりしておきましょう。

今月の保育ピックアップ

子どもの活動

イメージの共有の芽生え

サッカーやフォークダンスなどの運動に関する遊び、虫とりや飼育などの自然に関わる遊び、お化け屋敷ごっこや乗り物の工作など、夏の期間に体験した社会生活との関わりから生まれた遊び。これまでの園生活や夏の体験が、コラボして登場してきます。個々の下地に、思いやイメージが育っていること、それを伝えようとしていることを大切にしていきましょう。

`協同性` `言葉`

これもおさえたい！

初秋の自然に関心を！

園外に出かける機会を設け、初秋へ向かう自然の変化に気づくことができるようにしましょう。台風など自然の大きさや脅威についても、話題にしていくことが大切です。`自然・生命`

9月のテーマ

友達と思いや考えを出し合い、
イメージを共有し、試行錯誤しながら
生活する喜びを味わう。

環境構成

みんなといっしょに、戸外で体を動かして遊ぶ楽しさを味わう

・園庭で思い切り活動できるように、場所や時間を確保する。
・保育者自身が率先して、いろいろな動きの手本となるように動いたり、楽しい雰囲気をつくったりする。
・5歳児としてのリーダーシップを意識して、運動会の内容を考え、クラスの話し合いの場で見通しをもって運動会の準備を進めていけるよう、ホワイトボードやカレンダーなどを準備して活用する。`思考力`

＊文末の `自立心` `協同性` `思考力` などは、その活動のなかに見られる「幼児期の終わりまでに育ってほしい姿」を表しています（30ページ参照）。

9月 月案

前月末の子どもの姿

- 夏休み中に体験したことなどを、友達との遊びのなかでも表現してみようとして、友達や保育者に自分のイメージをわかりやすく伝えようとするようになる。
- 身近にいる虫や小動物を探したり、生活の様子を調べて友達といっしょに飼育したりするようになる。

＊表中の 自立心 協同性 思考力 などは、その活動のなかに見られる「幼児期の終わりまでに育ってほしい姿」を表しています（30ページ参照）。

	ねらい	子どもの活動内容
養護	◇園生活のリズムを取り戻して、友達や保育者と楽しく関わる。 ◇避難訓練で災害時の動き方を知り、指示に従って行動する。	◇友達や保育者と、夏休み中のいろいろな体験を話したり、聞いてもらったりする。 ◇避難訓練をするなかで、安全で素早い避難の仕方について知る。
教育	◆友達や保育者といっしょに、戸外で体を動かして遊ぶ楽しさを味わう。 ◆運動会への期待や目的意識をもって、企画したり準備を進めたりする。 ◆栽培した植物の実を収穫したり生活に生かしたりする。 ◆初秋の自然に関心をもち、昆虫を探したり、草花で遊んだりする。 自然・生命	◆サッカーや砂場ビーチボール、夏休み中に体験した工作やお化け屋敷など、友達と工夫しながら遊びを進める。 ◆運動会の種目などについて話し合い、自分たちで運動会を企画・運営しようとする。 思考力 ◆運動会でのパフォーマンスの演技を考えたり動きを工夫したりするとともに、必要なものを作ったり準備したりする。 ◆栽培していた稲やとうもろこしを収穫して皆で食べたり、それらを使って造形遊びをしたりする。 ◆昆虫の生態などに関心をもち、秋の虫を捕ったり、飼育したりする。 ◆敬老の日のプレゼントを作ったり、メッセージを書いたりする。 社会生活
教育活動後の時間	**認定こども園等** ●やりたいことにじっくりと取り組む。 ●秋の自然を感じ、生活のなかに取り入れる。	●体を動かす遊びでは、自分なりの目当てに向かって取り組むことの充実感を味わう。 ●絵本や図鑑をじっくり見たり、いろいろな素材を使って作ったりすることを楽しむ。 数量・図形・文字 ●秋の収穫を先生や友達といっしょに味わう。

保幼小連携

★多くの地域で、9月からは保幼小接続教育課程における接続前期となっている。生活習慣の自立を促す指導を心がけるとともに、「幼児期の終わりまでに育ってほしい（10の）姿」を参考に、一人ひとりがそれらの力をどのようにつけているかを記録し、評価していくようにする。

子育て支援・家庭との連携

- 夏休みのさまざまな経験を経て、親子ともども悩みも成長もあり、9月が始まる。それらをきちんと受けとめていく。
- 通常保育の始まりや運動会準備と、変化の多い時期。情緒の安定や基本的生活習慣の確認に留意する。

今月の保育のねらい

- 友達と思いや考えを出し合い、イメージを共有し、試行錯誤しながらともに生活する喜びを味わう。
- 戸外で十分に体を動かして遊ぶ。

行事予定

- 避難訓練（地震、火災）
- 身体測定
- 園外保育（いも掘り、虫捕り）
- ★保幼小合同活動「カレンダー作り」

◇…養護面のねらいや活動　◆…教育面のねらいや活動　★…保幼小接続関連活動

保育者の援助と環境構成

◇久しぶりに登園してくる子どもをあたたかく迎えて、子どもたちの語る夏休み中の体験を興味深く聞くとともに、長期休業のインターバルを生かして、これまで課題であった友達関係を改善するきっかけを作る。 協同性 言葉

◇自分の命を守るための素早い避難行動を身につけ、怖がらずに落ち着いて指示を聞いたり動けたりできるよう、励ましたり認めたりする。

◆園庭で思いきり活動できるように、場や時間を確保する。また、いろいろな動きの手本となるように動いたり、楽しい雰囲気を作ったりする。

◆5歳児としてのリーダーシップを意識して、運動会の内容を考えたり、ミーティングなどの場で日程的な見通しや活動の状況、3、4歳児の期待していることや参加の方法などをともに考える。

◆園外に出かけ、初秋へと移っていく自然に気づくことができるようにする。台風など自然の大きさや脅威についても話題にしていく。 社会生活

◆図鑑やビデオなどを整理し、必要なときに自分で見たり調べたりできるようにしておき、昆虫や小動物についてより深く知ったり大切にしたりできるようにする。

- 静的な活動と動的な活動のバランスを一人ひとりがとりながら、安定した気持ちで興味や気持ちが満たせるようにする。
- 秋の実り、秋の風、夕焼け、虫の声など、季節の移り変わりが感じられるようなきっかけを作る。 自然・生命

保育資料

【うた・手遊び・リズム遊び】
- しょうじょうじのたぬきばやし
- 赤とんぼ　・うんどうかいのうた
- ばったみつけた　・山の音楽家

【自然遊び】
- 虫捕り
- ヨウシュヤマゴボウなどでの色水遊び
- 植物の種取り

【運動遊び・伝承遊び】
- リレー　・体操　・綱引き　・鈴割り
- 一輪車パフォーマンス　・サッカー
- 野球　・フォークダンス

【表現・造形遊び（絵画製作）】
- とうもろこし人形作り
- 昆虫や収穫した野菜の絵
- 国旗　・運動している身体描画

【絵本・物語】
- ぼく、お月さまとはなしたよ
- エルマーのぼうけん
- とべバッタ
- よーいどんけついっとうしょう

▷…子どもの育ちを捉える視点　▶…自らの保育を振り返る視点

今月の食育

- 夏野菜、稲、とうもろこしなどの実りを確かめ、自分たちの手で収穫し、調理し、みんなで食べる。一連の野菜への関わりを通して、より興味や関心、理解が深まり、食への感謝が育まれていくようにする。
- 中秋の名月には収穫物を供え、お月見だんごを作って食べ、日本の伝統文化や行事を実感する。

自己評価の視点

▷思いや考えを友達と出し合い、イメージを共有できたか。
▷試行錯誤しながら友達といっしょに生活する喜びが味わえたか。
▶動植物などの秋の自然や、戸外の場や空間、遊具などは、子どもの好奇心を揺さぶるものであったか。

*表中の 自立心 協同性 思考力 などは、その活動のなかに見られる「幼児期の終わりまでに育ってほしい姿」を表しています（30ページ参照）。

	第1週	第2週
ねらい	◇園生活のリズムを取り戻し、友達や保育者と触れ合って遊ぶ。 ◇避難訓練で災害時の動き方を知り、指示に従って行動する。 ◆秋の草花や木の実などを用いて遊ぶなかで、周囲の自然の変化に気づく。 自然・生命	◆友達と考えを出し合い、それを受け入れて試しながら遊びを進める。 ◆秋の草花や木の実などを用いて遊ぶなかで、周囲の自然の変化に気づく。 
活動内容	◇避難訓練をするなかで、安全で素早い避難の仕方について知る。 ◆サッカーや砂場ビーチボール、工作や色水遊び、お化け屋敷ごっこなど、友達と誘い合って遊ぶ。 ◆稲刈りをして稲架掛け（はざかけ）をする（鎌を握った子どもたちが、新たな道具に興味と緊張感をもって作業する。こつが飲み込めるとおもしろ味が増してくる。道具文化との出会いの一場面となる）。 ◆収穫して乾かしておいたとうもろこしでポップコーンを作って食べたり、その芯を使って製作をしたりする。テーマは「顔」。 感性・表現	◆サッカーや砂場ビーチボール、工作や色水遊び、お化け屋敷ごっこなど、友達と工夫しながら遊びを進める。 ◆昆虫の生態などから推測し、秋の昆虫を捕ったり、飼育したりする。 ◆秋の虫や収穫した野菜などを描く。 ◆フォークダンスやゲームをする。 ◆歌をうたう（「とんぼのめがね」「しょうじょうじのたぬきばやし」「赤とんぼ」「うんどうかいのうた」など、9月を通じて）。 
援助と環境構成	●子どもたちといっしょに世話をしながら、植物が実や種子をつけた様子などに関心を向け、見たり触れたり探ったり飾ったりする活動を引き出す。また、色水遊び、たたき染め、種子を使ったアクセサリー作りなど、遊びに必要な材料や道具を準備する。 ●種子の色や形、数、中身の様子など、子どもたちが興味をもったことや不思議に感じたことなどを知り、その子どもなりの感じ方や扱い方を認めていく。 数量・図形・文字 ●草の茂みを残しておき、捕虫網や飼育ケースなども用意しておく。小さな生き物の生命を大切にし、触れ合う姿勢が身につくようにする。	●園外に出かける機会を設け、初秋への季節の変化により、空や空気、草花の様子などが変わってきたことなどに気づいたり感じたりできるようにする。 ●図鑑やビデオなどを整理し、必要なときに自分で見たり調べたりできるようにしておき、昆虫や小動物についてより深く知ったり大切にしたりできるようにする。 ●子どもたちといっしょに虫を探しながら、園庭に住んだり集まったりしてくる虫が少し変わってきたことや、夏の虫の様子が変わってきたことへの気づきに共感していく。 自然・生命

認定こども園等

	第1週	第2週
教育活動後の時間	●生活の変化に慣れ、友達や保育者に自分の思いを伝えながら遊ぶようになる。 ●保育者とゆったりとした時間を過ごすなかで、自分のやりたいことにじっくりと向かう。	●秋の自然に興味をもって、生活や遊びに取り入れたり調べたりできるような環境を用意する。 ●自分の思ったことや考えたことを伝えながら生活を進める喜びを感じる。 言葉
援助と環境構成	●一人ひとりの様子に応じて話を聞いて、気持ちを受け止めたり伝えたいことを表せるようなきっかけを作ったりして、自分なりに伝えることができるようにする。	●秋ならではの自然の不思議さに興味や関心が向けられるようにきっかけを作っていく。 ●生活のなかでできるようになったことを振り返り、自分たちの生活づくりをもう一度考えるように促す。

◇…養護面のねらいや活動　◆…教育面のねらいや活動　★…保幼小接続関連活動

第3週	第4週
◆友達といっしょに戸外で体を動かして遊ぶ楽しさを味わう。 ◆秋の自然に関わって遊んだり、生活に取り入れたりする。 ★小学校の運動会の練習を見に行って、その様子や学習の様子に関心をもつ。	◆友達や保育者といっしょに、運動会で使う物を準備したり進め方を計画したりして、運動会への期待や目的意識をもつ。 協同性
◆運動会でのパフォーマンスを考え、自分のしてみたい運動の練習を始める。 感性・表現 ◆運動会の世話係などについて話し合う。 協同性 ◆いろいろな国の国旗を描く。 社会生活 ◆敬老の日のプレゼントを作ったり、メッセージを書いたりする。 社会生活 ◆月に関わる絵本を見たり、中秋の名月の話を聞いたりする。 ★1年生といっしょに「カレンダー作り」の合同活動に参加する。 数量・図形・文字 	◆運動会でのパフォーマンスを工夫し、必要なものを作ったり準備したりする。 思考力 ◆運動会のお土産競走に使うお土産を作る（折り紙の金メダルやプラ板工作など）。 自立心 ◆リレーや綱引き、鈴割りなど、作戦を考えて練習の仕方を工夫する。 協同性 ◆運動している自分の体のイメージを描く。 ◆運動会に関わる絵本を見たり、運動会について話し合ったりする。 
●中秋の名月の時期には、月など自然の美しさや不思議さについて関心がもてるようにする。 ●園内外の行事に参加して日本や諸外国の国旗に触れ、自分の国の旗に親しみをもったり、外国の国旗を見ていろいろな国があることに気づいたりしていけるようにする。 ●自分の祖父母や日頃関わりのある身近なお年寄りに親しみを感じ、健康や長寿を願う気持ちがもてるようにする。 ★小学生といっしょに活動に参加することで、活動の内容やおもしろさ、場の使い方や構成などの工夫について考え、参考にしていくようにする。	●戸外で存分に体を動かして遊ぶ楽しさが味わえるような活動を準備するなかで、爽快感や充実感に共感する。 ●園庭では、思い切り活動できるようにオープンブースを確保する。また、それぞれが楽しめるよう、個々の興味や関心を探ったり、保育者が手本となったり雰囲気を作ったりする。 ●5歳児としてのリーダーシップを意識して、運動会の内容を考えたり、4歳児や3歳児に呼びかけたり、準備物を作ったりする。その姿を励まし、集まりの場などで日程的な見通しや活動の状況、3、4歳児の期待や参加の方法などを共に考える。
●日本文化のなかの行事に興味や関心をもつ。 感性・表現 ●試したり考えたりして工夫して楽しむことができる遊びを楽しむ。 	●粘土や工作、描画などの材料や素材を用意して、自分でじっくりと取り組む。 ●夕暮れが早くなってきていることや雲の変化などから、秋を感じたり季節の変化に気がついたりする。 自然・生命
●子どもたちのやりたいことが実現できるスペースや、保育者と関わることができる遊びや自分たちで進める遊びなどで、興味や関心をいっそう深めることができるように用意していく。	●自分のがんばっている様子を保育者や友達に話すことができる雰囲気作りをする。 ●静と動のバランスを保ちながら、自分たちの目標に向かって遊びや生活を作ることができるようにしていく。

幼稚園の例

9月 日案
9月20日（木）

前日までの子どもの姿	●運動会への取り組みを話し合う場で、自分のしてみたいことや実際に試してみてよかったこと、失敗したことなどを話す。園の子どもたちも保護者も、皆が楽しめる競技内容や自分たちのパフォーマンス内容がはっきりとしてくる。

ねらい	●友達や保育者といっしょに、運動会で使う物を準備したり計画したりして、期待感をもつ。	主な活動	●運動会の準備活動 ●親子リズム・フォークダンス

時間	子どもの活動内容	保育者の援助	環境構成など
9:00	●登園する。 ●動物の世話をする。 ●運動会に使うおみやげを作る。 ・プラスチック板に絵を描く。スプーンに模様をつける。オーブンで焼いて飾り物にする。 ・オーブンでプラ板が出来上がる様子を観察する。	・自分がどのようなおみやげをもらったらうれしいかを考えながら、絵を描く様子を見守ったり、会話したりして、思いを込めた景品ができるようにサポートしていく。	・オーブンなどを準備するとともに、やけどなどの事故がないように物の配置に配慮する。オーブンへの出し入れは保育者が行い、子どもたちは、焼き上がって出てきた物を冷やしたり並べたりする役割を担当する。
10:00	●園庭で綱引きをする。 ・2チームに分かれ、対戦する。チーム分けは自由なので、どう分かれると楽しく勝負ができるかを考えて、チームを移動する。	・どんな姿勢で綱を引っ張ると効果的かを考えながら綱を引く姿を励ますとともに、保育者自身も渾身の力で引っ張る。	・園庭の危険物や危険が潜む動線について、あらかじめチェックして取り除いておく。 ・子どもたちといっしょに、綱やライン引き、係の子どもが作った応援旗、笛などを用意する。
10:30	●5歳児クラス対抗のリレーをする。 ・力いっぱい走る動きのなかで、「力を出しきった」気持ちよさを味わう。 ・友達といっしょに体を動かし、励まし合ったり、相手の動きを意識して力を合わせたり競い合ったりして、いっしょにいる一体感や動きを工夫するおもしろさを味わう。		・リレーに使うバトンやはちまき、たすきなどを子どもたちといっしょに準備する。

時間	子どもの活動内容	保育者の援助	環境構成など
11:25	●片づける。 ●5歳児クラスで集まり、運動会について話し合いの場をもつ。		
12:00	●昼食を食べる。		
13:30	●お迎えに来た保護者にも参加してもらって、親子リズム・フォークダンスをする。 ＜「ワッショイまつりっこ」＞ ・保護者もいっしょにみんなで威勢よく踊ったり、声を合わせたりする。 ・保育者や友達との動きの呼応や駆け引きを楽しむ。 ＜フォークダンス「エース・オブ・ダイヤモンド」＞ ・手を打つ、回る、手をつないでスキップするなどの動作を、リズムに合わせて行う。 ・保護者といっしょにリズミカルに動く楽しさを味わう。	●保護者に動き方や楽しみ方を伝えながら、子どもといっしょに表現が楽しめるよう配慮する。 ・威勢のよいかけ声や力強い動きの表現に留意して、子どもたちといっしょに踊る。 ・次第にこの演目の係である子どもたちのリーダーに任せていき、子どもたちが歌詞にあった動きや仲間との一体感をもった動きを意識していけるようにサポートする。 ・フレーズごとにメリハリのある動きをするようにし、手を打つ、回る、手をつないでスキップするなどの動きを強調していく。 ・全体の動きのなかでは、友達との間隔や自分の位置を考えて動く姿を見ながら、子どもたちと保護者がどのような楽しさを味わっているかに注目する。	・ダンスの音源の準備や、機器類の動作確認をしておく。
14:00	●降園する。		

自己評価の視点

子どもの育ちを捉える視点
●綱引きやリレーを行うなかで、勝負のおもしろさや仲間との一体感を味わえていたか。

自らの保育を捉える視点
●子どもたちがいろいろと工夫をしようとする姿を捉えて、それを励ましたりサポートしたりできていたか。

月案	p100
週案	p102
日案	p104
保育の展開	p122

子どもの姿と保育のポイント

● 季節の移り変わりを感じよう

　園外保育に出かけたり、さつまいもなどの収穫や調理をしたりするなど、秋への自然の変化を感じとれるようにしましょう。園外保育で拾ったどんぐりや落ち葉などを使った遊びで、秋ならではの自然を楽しむのもよいですね。

● 仲間と協力して、やり遂げようとする意欲

　この頃になると、仲間意識も強くなり、友達といっしょに、より楽しいものを作り出そうとする意欲や、試行錯誤しながらも友達や保育者の援助や協力を得てやり遂げようとする意欲が感じられるようになってきます。

　前年の運動会で見た年長児の姿から、「自分もあんなふうにやってみたい」という動きのイメージや自己分析がより明確になってきます。日常の運動的な遊びや表現はダイナミックになり、戸外の広い場所で力いっぱい活動したいという気持ちとともに、保護者にもこのがんばりを見てもらいたいという気持ちも強くなってきます。

　見通しをもって準備したり、園のリーダーとして役割を意識し責任をもって行動したり、全体の動きや流れを感じながら連絡と調整をしたりできるように、保育者は子どもたちと話し合いながら、援助するようにしましょう。

● 子ども主体の運動会

　子どもたちが自分で考え、表現し、その結果いろいろな感情を経験し、また試行錯誤を繰り返しながらつくり変えていくという過程を十分に体験できるよう、運動会へ取り組んでいきます。その背景には、前述のような年長児の育ちがあり、それをより確かなものにしていきたいという保育者の願いがあります。

今月の保育ピックアップ

新要領・新指針の視点で

子どもの活動
リーダーとしての自信を！

- 運動会の活動では、他の組の保育者からもがんばる姿を認められて、自分の成長を感じられるようになる。
- 保護者や3、4歳児たちの声援や憧れの視線を受けて、自尊感情が湧いてくるようになる。

`自立心`

保育者の援助
「やったね！」という感情に共感を

「うれしい」「楽しい」「やったね」という感情は、子どもたちにとってシンプルですが重要な自己実現です。保育者は共感するとともに、そうした感情が出しやすい雰囲気づくりを心がけましょう。 `自立心`

10月のテーマ
運動会へ向けて
友達と話し合ったり工夫したりして、
力を出し合う楽しさを味わう。

保育者の援助
動きのイメージをサポートしよう

- 子どもたちといっしょに力いっぱい運動します。そのなかで、一人ひとりの「こうしたい」という動きのイメージや目標を知り、そのような意識をもつことや、工夫、努力を認め、励ましながら、必要があれば技術的な助言をする。
- 友達の動きを見たり、助言を聞いたりするなど、伝え合いのなかで、友達の体や動きの特徴をそれぞれの個性として認め合えるように見守ったり、子どもといっしょに話し合ったりしながら進めていく。 `協同性`

これもおさえたい！
運動会の意味を問い直す

筆者の園ではこの時期になると、子どもたちの育ちと生活という視点から、運動会の意味を保育者間で問い直し、そこから運動会を見すえた生活が始まります。演技の出来映えや効率に気をとられ、子どもたちに「練習させる」生活を強いてしまわないよう、生活のなかでの意味を保育者間で考えていきましょう。

＊文末の `自立心` `協同性` `思考力` などは、その活動のなかに見られる「幼児期の終わりまでに育ってほしい姿」を表しています（30ページ参照）。

10月 月案

前月末の子どもの姿

- 自分たちで考えた運動会の種目などで存分に体を使って遊ぶことを楽しむようになり、友達同士で力を競ったり認め合ったりし、意欲的に取り組むようになる。
- 遠足や園外保育で行った先の自然に関心をもち、木の実などを探したり集めたりして、遊びに用いたり飾ったりする。

＊表中の 自立心 協同性 思考力 などは、その活動のなかに見られる「幼児期の終わりまでに育ってほしい姿」を表しています（30ページ参照）。

	ねらい	子どもの活動内容
養護	◇目の健康や衛生について知り、大切にしようとする。	◇養護教諭や保育者から目の大切さを聞き、目の健康や衛生に関心をもつ。 
教育	◆運動会で演技したり、競い合ったりする楽しさや達成感を味わう。 ◆園外保育の計画や準備などに自分なりの課題をもって取り組んだり、共通の目的に向かって友達と工夫して遊ぶ。 協同性 ◆園外保育に出かけ、秋の自然に触れて遊ぶ心地よさを味わう。 	◆友達と力いっぱい走ったり投げたり、引っ張ったりなど、十分に体を動かしたり、動きを工夫したりする。 ◆チームを意識して作戦を考えて競い合ったり、見る人の楽しみも考えて皆でパフォーマンスの表現を考えたり練習をしたりする。 思考力 ◆準備物や役割の確認をし、自分たちがプロデュースした運動会に参加する。 協同性 ◆園外保育に出かける。 ◆秋の自然物を使ってゲームやおもちゃ、アクセサリーなどを作り友達と遊ぶ。 ★1年生との合同活動「なかよし農園いも掘り」を楽しむ。 
教育活動後の時間	**認定こども園等** ●運動会や園外保育などの行事を楽しみにする。 ●自分たちの経験したことを伝え合ったり再現したりする。	●リレーや表現など自分たちで再現したいことを友達や保育者といっしょに楽しむ。 ●楽しかったことや感じたことを、保育者や友達に言葉で伝える。 言葉 ●友達のよさやがんばっているところに気がつく。

保幼小連携

★小学生といっしょに育てたいもを収穫したり、いもづるを使ったリース作りやゲームなどをして、いっしょに触れ合って遊ぶ機会を作る。
★遊びのなかで、いもを集めたり、数えたり、比べたりして、量や形、仲間分けなどにも興味がもてるようにする。

子育て支援・家庭との連携

●運動会もあり、体を動かしたり子ども同士で話し合ったり、協力しながら遊びを進めていく大切な時期なので、家庭でも必要に応じて、子どもの心身の状態を見直すように伝える。

今月の保育のねらい

- 運動会へ向けて自分なりの課題をもって取り組み、共通の目的に向かって友達と話し合ったり工夫したりして、力を出し合って遊ぶ楽しさを味わう。
- 季節の移り変わりや周りの動植物が変化する様子に関心をもつ。

行事予定

- ●運動会 ●園外保育
- ★保幼小合同活動「なかよし農園いも掘り」
- ●親子遠足（地引き網）
- ●視力・聴力検査

◇…養護面のねらいや活動　◆…教育面のねらいや活動　★…保幼小接続関連活動

保育者の援助と環境構成

◇目を清潔にする大切さをわかりやすく説明し、危険なことや衛生的ではない行為について話し合う。

◆友達と力いっぱい活動する楽しさに共感しながら、一人ひとりの活動へのイメージや目標を知り、個々の工夫や努力などを認め、励ましていく。また、必要があれば技術的な助言をする。
◆運動会に関する活動では、他の組の保育者からがんばる姿が認められて、自分の成長を感じられるようにするとともに、保護者や3、4歳児たちの声援や憧れを伝え、ともに喜ぶなかで、自尊感情が湧いてくるようにする。 自立心
◆親子遠足で行った海では、自然の大きさや優しさ、美しさが感じられるようにするとともに、地引き網体験では「人間が生きることは、他の生物の命をもらうこと」という事実と向き合い、感謝の気持ちをもつ機会にする。 自然・生命

- 楽しかったことが自分たちで再現できるように環境を整えて、保育者も仲間として加わり遊びを進めるうえで必要なことに気づくことができるようにする。
- 経験したことを知らせたり、聞いたりする機会を意図的に作っていく。

保育資料

【うた・手遊び・リズム遊び】
- ・うたえバンバン　・まっかな秋
- ・バスごっこ　・やきいもグーチーパー
- ・親子リズムやダンス

【自然遊び】
- ・さつまいものつるのリース
- ・どんぐりのコリントゲームややじろべえ
- ・こま作り　・虫捕り

【運動遊び・伝承遊び】
- ・リレー　・体操　・綱引き　・鈴割り
- ・一輪車パフォーマンス
- ・フルーツバスケット
- ・親子フォークダンス

【表現・造形遊び（絵画製作）】
- ・木の実や枝を使った共同製作「もりの仲間達」
- ・ビニールや空き容器などを使った共同製作「うみの家」

【絵本・物語】
- ・もりにきょじんがいる
- ・おおきなおおきなおいも

▷…子どもの育ちを捉える視点　▶…自らの保育を振り返る視点

今月の食育

- 自ら植えた稲やさつまいもを収穫し、みんなで食べる経験や捕った魚を食べることを通して、生長や食文化、自然の恵み（命の育ち）を考えたり実感したりする。
- 運動会へ向けてのクッキー作りでは、園の係としての責任を感じながら、ていねいに調理する。

自己評価の視点

▷自分で期待や課題をもって取り組んだり、友達といっしょに目的に向かって工夫したりしていたか。
▶「やってみよう」という動機づけになる、魅力ある競技内容となっていたか。また、初秋の自然の変化に保育者自身が関心をもっていたか。

10月 週案

*表中の 自立心 協同性 思考力 などは、その活動のなかに見られる「幼児期の終わりまでに育ってほしい姿」を表しています（30ページ参照）。

	第1週	第2週
ねらい	◆戸外で体を動かして遊ぶ楽しさを味わう。 ◆友達や保育者といっしょに、運動会で使う物を準備したり計画したりして、運動会への期待や目的をもつ。 協同性	◇運動会では、保護者や3、4歳児たちの声援を受け、自分の存在感や成長を感じる。 ◆運動会で演技したり、競い合ったりする楽しさや達成感を味わう。 自立心 ◇目の健康や衛生について知り、大切にしようとする。
活動内容	◆園庭で昆虫を探したり、飼育したりする。 ◆種目を相談して決めて、運動会のプログラムを作る。 ◆運動会で使うコスチュームや小道具などを、それぞれのチームごとに協力しながら作りあげていく。 感性・表現 ◆運動会でするパフォーマンスの練習をする。 ◆運動会の世話係の仕事内容について話し合う。アナウンス係はアナウンス内容を考えて原稿を書く。 数量・図形・文字 ◆3、4歳児たちも参加して、いろいろな競技をしてみる。	◆準備物や役割の確認をする。 ◆運動会に参加する。 ◇養護教諭や保育者から目の大切さを聞き、目の安全や衛生に関心をもつ。
援助と環境構成	●友達と力を合わせて／競い合い／保護者やお客様、兄弟姉妹たちも楽しめる／美しい動きや力強い動き、巧みな動きなどで表現するなど、リーダーとしての視点をもって運動会の種目を考える。 ●話し合いの場では、一人ひとりのしたいことやうまくいっていないことなどが出し合える雰囲気を作り、じっくりと話を聞いたり、その状況や問題を子どもたちに投げかけたりしていくようにする。 ●準備物や内容、日程を共通理解しやすいように、カレンダーを使って計画を立てたり、話し合った内容や役割を整理して表す工夫をしたりする。 思考力	●のびのびと力いっぱい運動する楽しさに共感しながら、一人ひとりの子どもたちの「こうしたい」という動きのイメージや目標を知る。そのような意識をもつことや工夫、努力などを認めて励ましながら、必要があれば技術的な助言をする。 ●友達の動きを見たり、助言を聞いたりする伝え合いのなかで、友達の体や動きの特徴をそれぞれの個性として認め合えるように、見守ったり、子どもたちといっしょに話し合ったりしていく。 ●がんばる自分の存在や成長を感じられるように、保護者や3、4歳児たちの声援や憧れを伝え、ともに喜ぶ。 自立心

認定こども園等

	第1週	第2週
教育活動後の時間	●自分のペースでゆったりと遊んだり、秋の自然を遊びや生活に取り入れたりする。	●うれしいこと、がんばったこと、悔しいことなど、さまざまな思いを言葉で伝え、受け止めてもらえたうれしさを感じる。 言葉 ●健康や安全な生活の仕方について考える。
援助と環境構成	●運動会への取り組みとのバランスを配慮して、ゆったりとした時間や空間をもつことができるように配慮する。 ●秋の自然物や木の実を飾ったり、遊びの材料として使ったりできるようにする。	●運動会に向けての生活のなかで、一人ひとりの心の変化に注意し、認めたり受け止めたり励ましたりする。 ●体や目の健康などに、生活のなかで意識をするようなきっかけ作りをする。

◇…養護面のねらいや活動　◆…教育面のねらいや活動　★…保幼小接続関連活動

第3週	第4週
◆園外保育の計画や準備などに自分なりの課題をもって取り組んだり、共通の目的に向かって友達と工夫して遊ぶ。 協同性 ◆園外保育に出かけ、秋の自然に触れて遊ぶ心地よさを味わう。	
◆走ったり投げたり、引っ張ったりなど、運動会でのさまざまな動きを絵にする。 感性・表現 ◆どんぐりのゲームややじろべえ、こまなどを作って友達と遊ぶ。 ◆列車に乗って園外保育に出かける。 ★なかよし農園へ出かけ、1年生との合同いも掘りをしたり、いもづるでリースを作ったりする。 ◆いっしょにうたったり、リズム遊びをしたりする（「エース・オブ・ダイヤモンド」「セブンジャンプス」「うたえバンバン」他）。	◆海へ親子遠足に行く。 ◆バスの中で、歌をうたったりクイズをしたりする（「うたえバンバン」「まっかな秋」「小さな世界」「バスごっこ」他）。 ◆秋の田畑や山の様子について話し合う。 ◆地引き網を引き、魚を捕る。漁協の方が料理してくれる様子を見る。 ◆木工でミニチュアの家や家具などを作る。 ◆秋の自然、動植物の生活にちなんだ物語や、遠足に行く所に伝わる民話などを聞いたり、考えたことを話し合ったりする。 社会生活 ◆保護者へも声をかけ、絵本の読み聞かせ会を行う。
●興味をもって集めたいろいろな植物の種子を、比べたり分けたりして遊びながら、その色や形、大きさなどの違いや特徴に気づいていくよう、適当な容器などを用意する。 数量・図形・文字 ●期待をもって稲やいもなどの収穫を行い、料理をして食べるなどの活動をするなかで、植物の生長や生命と自分との関係を、自分なりの感じ方で子どもたちが実感できるようにする。 自然・生命 ●捕虫網や虫かごなどを用意し、昆虫に関わったり飼育したりできるようにする。また、それらの種類の違いや様子の変化への気づきや大切にしようとする気持ちを認めていく。	●地引き網体験では、自然の大きさや美しさが感じられるようにするとともに、「人間が生きることは、他の生物の命をいただくこと」という事実と向き合い、感謝の気持ちをもつ機会とする。 自然・生命 ●物語などに親しみ、言葉に対する感覚や、その意味についての関心が促されることを指導の重点にするとともに、物語の世界が開かれていく感動を親子で感じられるよう、保護者も含めた読み聞かせを実践する。 言葉
●秋の自然を十分に感じながら、生活の工夫を楽しむ。 ●小学生から教えてもらった遊びを友達といっしょに再現する。	●自分の思っていることや考えたことを言葉で伝えようとする。 ●秋の自然に触れ、うれしさや美しさなどを感じて、自分たちで生活を豊かにできるようにする。 健康 感性・表現
●散策や遠足などで見つけた自然物を使ってオブジェやゲームなどを作って遊ぶ。 ●自分のやりたいことを実現してじっくり遊ぶことのできる空間を作る。	●うれしかったことや発見したことなどを、保育者や友達と会話する機会を作っていく。 ●生活の空間に秋を感じられる工夫ができるように、木の実や枝などを用意しておく。

10月 日案

幼稚園の例

10月16日(火)

前日までの子どもの姿	●運動会は子どもたちにとって、「いっしょにがんばったもんな」という仲間意識につながっている。隣のクラスの友達との鬼ごっこやサッカー、伝承遊び、アスレチックなどのなかでも、そんな連帯感のようなものが見られ始めている。

ねらい	●友達と工夫してやり遂げた喜びを味わう。 ●秋の木の葉や木の実などを使って遊ぶ。	主な活動	●自然物を使った造形遊び

時間	子どもの活動内容	保育者の援助	環境構成など
9:00	●登園する。 ●飼育動物の世話をする。 〈好きな遊びをする〉 ●ロープウェイに巧技台のサーキットをつなげて遊ぶ。		
10:00	●落ち葉やムギワラギクを使った花束や、押し葉や押し花のカード、ペンダントなどを作る。 ・色や材質を考えて、好きな台紙やリボンを選ぶ。 ・押し花や押し葉のもつ自然の色や形の美しさに気づいたり、それを組み合わせてできる新たなおもしろさを味わったりなどする。	●プレゼント用、装飾用、カード用など幼児が求める用途に応じた表現となるよう、必要に応じて相談にのったり、困難なところを手助けしたりする。	●幼児が扱いやすく、また、多様にイメージしやすいよう、小ぶりに切ったワイヤーやプラスチック板、色画用紙、シート、リボンなどを準備しておく。 ●繊細な作業となるので、じっくりと取り組める場づくりを幼児とともにしていく。
10:30	●どんぐりを使って、やじろべえやこまなど、遊べるものを作る。	●やじろべえ作りでは、バランスをとりながらどんぐりの大きさや軸の長さを調整していけるようにする。こま作りでは、真ん中に軸を付けることで安定して回るなど、うまくいく法則性に気づいていけるように援助する。	●丸いどんぐりにきりなどを使うときは、安定して作業できるように万力などを使う。

時間	子どもの活動内容	保育者の援助	環境構成など
	●友達といっしょにどんぐりパチンコを作る。 ・金づちやのこぎり、くぎ抜きなど道具の使い方や、こつ、仕組みなどに気づきながら使う（のこぎりの歯と木目の縦横の関係、てこの原理を使うくぎ抜きの動かし方など）。 ・くぎの間をパチンコ玉が転がる動きやその仕組みについて意識しながら、傾斜や矢車、玉をはじく所などを作ったり、適当な長さ・厚さ・幅の木片やくぎを組み合わせていく。 ●使った道具や落ちたくぎに注意しながら片づける。	●どんぐりの動きが生まれる傾斜や矢車、スタート時の玉をはじく構造について、子どもとの会話のなかで「どんなものにしたいか」を徐々に伝えあい、形にしていくようにする。 ●子どもといっしょに道具を使いながら、扱い方が伝わっていくようにする。初めて使う道具については、必要に応じて、手を添えたりするなど援助する。 ●作り方や道具の使い方など、それぞれが工夫しているところ、やり遂げようとしているところに注意を向け、その意欲を励ましたり、「やった」という実感を見届けていく。	●新しい材料として、ストロー、ホース、針金などを用意する。
12:00	●昼食を食べる。		
13:00	●ゲームやリズム遊びをする。歌「まっかな秋」をうたう。		
14:00	●降園する。		

自己評価の視点

子どもの育ちを捉える視点

●秋の木の葉や木の実などを使って遊ぶなかで、友達と工夫して試行錯誤したり、やり遂げた喜びを味わったりしていたか。

自らの保育を捉える視点

●秋の自然物の特徴を生かした遊びや製作ができるような素材集めや、道具、用具の準備ができていたか。また、それらの安全な使い方の指導ができていたか。

月案	p108
週案	p110
日案	p112
保育の展開	p122

子どもの姿と保育のポイント

秋の自然に触れ、美しさや不思議さを感じる

　色づいた木の葉や落ち葉、木の実などに興味をもって関わり、それらを身につけたり飾りつけたりすることを楽しむようになります。

　また、草木や園庭の小動物、飼育動物などの様子を見て、その変化に気づくことも多くなります。

　この時期には、身近な山や川、公園などに出かけ、自然物に関わって遊ぶことや、登山やオリエンテーリングなどの行事を企画し、楽しむのもよいでしょう。

友達と遊びを進める楽しさを味わう

　自分たちの遊びのイメージや関係を大切にしたいという気持ちを認めながら、関心をもって関わってきた小さい組や他の友達に気づいたり、受け入れたりしようとする姿を温かく見守っていきましょう。また、自分たちの思いや考え、遊び方を伝える場面では、言葉を補いながら、必要な言葉や話し方について気づいていけるようにすることも大切です。

　大型のダンボールや木材など、1人の力では作ったり組み合わせたりしにくい材料を用意したり、アスレチックやロープウェイなど、多くの友達と力を合わせて作り上げていくことによって楽しくなるテーマを準備したりしておくと、今まで以上に盛り上がる活動となるでしょう。

今月の保育ピックアップ

新要領・新指針の視点で

環境構成

素材集めも楽しく

子どもたちと落ち葉や木の実などをいっしょに集めたり、遊びや製作に使いやすいよう分類したり、押し葉にしたりなど、作ったり飾ったりしやすいよう、必要な材料や道具を準備します。　自然・生命

保育者の援助

遊びや生活がより楽しく充実するように

友達と遊び方や作り方を考える場合は、自分の予想や見通しを相手に伝えながら、共通の目的をもっていこうとする姿が、秋の深まりとともに見られる時期です。
保育者は、このような姿を励まし、相談にのったり役割を分担したりして援助することが大切です。　協同性

11月のテーマ

興味をもって秋の自然に関わり、その不思議さや美しさを感じて表現する。

保育者の援助

小学校生活への期待を育む

小学生と遊ぶなかで、年長者から受ける多様な刺激や、それらを学びとって自分のものにする喜びに着目し、小学校生活への期待が少しずつ高まっていく様子を支援していきましょう。

これもおさえたい！

小学校の先生の話を聞く機会をつくる

多くの地域で、就学前の健康診断などが行われ、小学校入学が親子ともに意識され始める時期です。近隣の小学校の先生をゲストに迎え、保護者への講話をお願いするのも効果的です。

＊文末の　自立心　協同性　思考力　などは、その活動のなかに見られる「幼児期の終わりまでに育ってほしい姿」を表しています（30ページ参照）。

11月 月案

前月末の子どもの姿

- 少し難しい課題にも、友達と助け合いながら挑戦していこうとする。
- 見る人の反応を期待しながら紙芝居や絵本を作ったり、日常のことを題材にしたりしながら、ファンタジーの世界へ話をつなげていくおもしろさを求めるようになる。

*表中の 自立心 協同性 思考力 などは、その活動のなかに見られる「幼児期の終わりまでに育ってほしい姿」を表しています（30ページ参照）。

	ねらい	子どもの活動内容
養護	◇秋から冬に向かう気温や生活の変化に気づき、自分の体の健康に関心をもつ。 自然・生命	◇寒暖の差に気づいて、上着を着たり脱いだりする。 健康 ◇健康を意識してしっかりと食べたり、戸外で体を動かしたりする。
教育	◆友達と予想したり、見通したりしながら、遊び方や作り方を工夫する。 ◆友達といっしょにうたったり、リズム楽器を使って遊んだりする。 ◆友達とストーリーの流れやイメージを確かめながら、役割を決めたり動きや言葉を考えたりして、劇遊びやごっこ遊びをする。 ◆必要な用具や道具の使い方がわかり、目的や用途に応じて選んで使う。	◆木の実や落ち葉を使って、作ったり飾ったりごっこ遊びをしたりする。 自然・生命 ◆しかけ絵本「1．2．3」を作って発表し合う。 思考力 言葉 ◆山登り（オリエンテーリング）をして深秋の自然を体感する。 自然・生命 ◆表現のイメージやテーマ、活動の目的などを共有しながら、劇やペープサート、歌や合奏などに取り組み、友達や3、4歳児たちに見せる。 感性・表現 ◆飼育動物の越冬の準備や春に向けての栽培活動など、見通しや必要感をもって友達と活動する。 ★小学生といっしょに「かるたやすごろく作り」をするなかで、小学校生活への期待をもって見たり聞いたり考えたりする。 自立心 
教育活動後の時間	**認定こども園等** ●もっとやりたいこと、自分なりに工夫したいことなど、経験したことに取り組み、興味や関心を深める。	●遊びのなかで秋の自然を使った遊びを再現して楽しむ。 ●自分のやりたいことや新たにやってみたいことに挑戦する。 ●就学への期待を、友達と話すなかで膨らませていく。 

保幼小連携

★小学生や先生といっしょに活動するなかで、関わりを期待して待ったり、言葉を注意深く聞いたりしながら、いろいろな知識や技術など教えてもらえることを楽しむ姿が見られる。自分なりに表現しながら喜んで小学生に関わっていくようになる様子を認め、励ましていく。

子育て支援・家庭との連携

●小学校入学の実感が伴ってくる頃。子どもの成長をともに喜び合いながら、生活習慣の見直しを中心に、家庭での過ごし方や心構えなどを確認し合う。

今月の保育のねらい

- 遊びや生活がより楽しく充実するように、友達と考えを出し合ったり話し合ったりしながら遊びを進めていく。
- 興味をもって秋の自然に関わり、その不思議さや美しさを感じて表現する。

行事予定

- 参観日　●避難訓練
- 山登り（オリエンテーリング）
- ★小学校の先生から保護者への講話
- ★小学生との合同活動「かるたやすごろく作り」など

◇…養護面のねらいや活動　◆…教育面のねらいや活動　★…保幼小接続関連活動

保育者の援助と環境構成

◇寒暖の差が大きかったり、空気が乾燥する時期であることを伝え、子どもたちが自分で気づいて防寒をしたり、うがいをしたりできるよう促していく。また、しっかりと栄養をとることの大切さをペープサートや紙芝居などを利用して説明する。

◇1時間に1回程度、保育室の換気をするように気をつける（室温20度、湿度60％前後が目安）。

◆友達と遊び方や作り方を考える場合は、予想や見通しをもとうとする態度、期待を相手に伝えながら共通の目的をもとうとする姿を励まし、相談にのったり役割を分担したりして援助する。

◆子どもたちと落ち葉や木の実などをいっしょに集めたり、遊びや製作に使いやすいよう分類したりする。押し葉にしておくなど、作ったり飾ったりしやすいよう必要な材料や道具を準備する。

★小学生と遊ぶなかで、年長者から受ける多様な刺激への興味やそれらを学びとって自分のものにする喜びに注目し、小学校生活への期待が少しずつ高まっていく様子を支援する。

- 季節の変化に気がつくようなきっかけを作ったり、木の実や葉などの自然を使った遊びの提案をしたりする。 自然・生命
- 幼児の言動に応じて、自分でできることと援助がいる部分を見極めて、思いが満たされるようにする。

保育資料

【うた・手遊び・リズム遊び】
・たき火　・やぎさんゆうびん　・こぎつね
・ずいずいずっころばし
・やきいもグーチーパー

【自然遊び】
・どんぐりや松ぼっくりの造形遊び
・どんぐりのコリントゲーム

【運動遊び・伝承遊び】
・助け鬼　・おはぎがおよめにいくときは
・コロブチカ　・エース・オブ・ダイヤモンド
・アスレチック

【表現・造形遊び（絵画製作）】
・木工で家作り
・お話の絵（「かもとりごんべえ」「おおはくちょうのそら」）
・シャコバサボテンの描画

【絵本・物語】
・ピーターのいす
・三びきのやぎのがらがらどん
・かにむかし
・かもとりごんべえ

▷…子どもの育ちを捉える視点　▶…自らの保育を振り返る視点

今月の食育

- 食欲の秋。旬の食べ物をおいしく食べると元気な体になることや、いろいろなものを食べると栄養のバランスがよいことなど、「食と健康」について気づいていく。
- みんなで和やかに弁当を食べるためにはマナーが必要なことや、箸を正しく持つ大切さに気づいていく。

自己評価の視点

▷遊びや生活がより楽しく充実するように、友達と考えを出し合ったり話し合ったりしながら遊びを進めていけたか。
▶さまざまな表現意欲を刺激する楽器や用具、道具、素材などは用意できていたか。援助はできていたか。

11月 週案

＊表中の 自立心 協同性 思考力 などは、その活動のなかに見られる「幼児期の終わりまでに育ってほしい姿」を表しています（30ページ参照）。

	第1週	第2週
ねらい	◆友達と予想したり見通しを立てたりしながら遊び方を工夫する。 思考力 ◆互いのイメージを出し合いながら、遊びや遊びのルールを考えたり役割を分担したりする。	◆必要な用具や道具の使い方がわかり、目的や用途に応じて選んで使う。 ◇寒暖の差に気づいて上着を着たり脱いだりする。
活動内容	◆友達とルールを共有しながら、野球やドッジボールなどで思い切り体を動かして遊ぶ。 ◆しかけ絵本「1．2．3」を作る（変化する場面の関係性を考えて物語を作る。できた物を展開して動かしながら、物語を練ったり絵を描き加えたり修正したりする）。 言葉 ◆木の実や落ち葉を使ってレストランごっこをしたり、アクセサリーを作ったりする。 ◆劇やペープサートなどを演じて遊ぶ。 感性・表現	◇朝昼や室内と戸外の寒暖の差に気づいて、上着を着たり脱いだりする。 健康 ◆木の実や落ち葉を使ってレストランを開いたり、アクセサリーを作ったりして、お店屋さんごっこをする。 ◆しかけ絵本「1．2．3」を作って発表し合う。 ◆山登り（オリエンテーリング）をする。ボランティア参加の保護者が各チェックポイントで出すクイズやゲームを楽しみながら登山をする。 自然・生命 ◆劇やペープサートなどを、友達や3、4歳児たちに見せる。
援助と環境構成	●一人ひとりの子どもの「こんなふうにしたい、なりたい」という作り方や遊び方への願い、その方法や手順、目的や目標の思い描き方に注目しながら、遊びのイメージを理解していく。 ●子ども同士の伝え合いを大切にしながら、それぞれのよい考えやよりよくしていこうとする態度などに気づけるよう促していく。 ●友達と遊び方や作り方を考える場合は、「こうすればこうなるだろう」と予想や見通しをもとうとする態度や、期待を相手に伝えながら共通の目的をもとうとする姿を励まし、相談にのったり役割を分担したりして援助する。 思考力	●子どもたちと落ち葉や木の実などをいっしょに集めたり、遊びや製作に使いやすいよう分類したり、押し葉にしておいたりなど、作ったり飾ったりしやすいよう必要な材料や道具を準備する。 ●いろいろな表現活動を楽しめるよう環境を整えながら見守ったり、友達と力を出し合って体を動かして遊べるよう提案したり、いっしょに活動したりする。 ●園外行事では保護者に協力を依頼したり、自分たちでも危険に気づいて行動できるように話したりして、安全に楽しく登山ができるよう配慮する。自然のなかでの発見や達成感や爽快感を味わう。

認定こども園等

	第1週	第2週
の教育活動後時間	●一人ひとりが自分がもっとやりたいことに向かって取り組むことを楽しむ。 健康 ●自分の思っていることや考えを友達にわかるように伝えようとする。	●秋の深まりを感じながら生活を楽しむ。
援助と環境構成	●教育時間の活動とのバランスを見ながら、さらに取り組みたいことを継続できるようにしていく。 ●友達との関係を丁寧に見ながら、思いや考えの伝え方に気づけるようにしていく。	●行事や取り組みの写真を掲示しておき、自分たちで振り返って話をしたり次の取り組みへの期待をふくらませたりする。

◇…養護面のねらいや活動　◆…教育面のねらいや活動　★…保幼小接続関連活動

第3週	第4週
◆友達といっしょに、リズムやストーリーに合わせて表現したり、うたったり、楽器を使って遊んだりする楽しさを味わう。	◆いろいろな楽器に触れて遊ぶなかで、音色の違いに気づいたり、調子のよいリズムに合わせて踊ったりする。 ◆友達とストーリーの流れやイメージを確かめながら、役割を決めたり動きや言葉を考えたりして、劇遊びやごっこ遊びをする。
◆うたったり、踊ったり、楽器を使って友達といっしょに演奏会をしたりする。自分の表現の意図や工夫などを伝えたり、共通の目的をもって相談や役割分担をしたりするなかで、相手の話を注意して聞き、わかるように話す。 `言葉` ◆色づいた木の葉や落ち葉、木の実などに興味をもって関わり、それらを身につけたり飾りつけたりする。 `自然・生命` ★小学生とかるたやすごろく作りをしたり、収穫したいもを調理しておいもパーティーをする。 `数量・図形・文字`	◆友達と役割を分担しながら共通の目的やイメージをもって表現を工夫し、見る人を楽しませたり喜んでもらったりする。 `感性・表現` ◆亀やざりがになど、飼育動物の冬支度をする。 `自然・生命` ◆春に向けてチューリップなどの球根を植える。 ★教科書の作品をもとに、小学生と物語表現をしたり、かるたやすごろくを作ったりする。 `感性・表現` ◇避難訓練に参加する。
●いろいろな楽器などを整理して使いやすくするとともに、保育者たちが楽しく演奏する様子に触れ、楽器の扱い方や音色のおもしろさ、音を合わせたときの音の美しさに気づくようにする。 ●友達と役割を決めたり、動きや言葉を考えながら劇遊びやごっこ遊びをする姿を見守りながら、必要に応じて保育者も役割を分担したり、いっしょに話し合ったりしていく。 ★小学生や友達と誘い合って活動する様子や、ルールの大切さに気づいて守ろうとする様子を見守りながら、存分に力を出して活動し認め合う心地よさに共感する。 `道徳・規範`	●子どもたちといっしょに花壇に野菜や花の球根を植えたり水栽培をしたりするなかで、植物の生命についての驚きや喜びに共感しながら関わっていく。 ●飼育していた小動物などの越冬の準備をしながら、動物たちの生活の仕方について知り、親しみをもって大切にしようとする気持ちがもてるようにする。 ★小学生と遊ぶなかで、年長者から受ける多様な刺激への興味やそれらを学びとって自分のものにする喜びに注目し、小学校生活への期待が少しずつ高まっていく様子を支援する。

●就学を楽しみにして生活をする。 ●自分の好きなことを追求したり、絵本をじっくり読んだりする。 `言葉`	●小学生から教わったことを午後の遊びのなかでも再現して楽しむ。
●次へのエネルギーを蓄えることができるように、コアタイム（教育時間）とのバランスをとって、活動できるようにする。	●自分たちの成長をうれしく感じ自信をもち、さまざまな活動で自分なりの力を発揮できるように、一人ひとりの取り組みを認めていく。

11月 日案

幼稚園の例

11月6日（火）

前日までの子どもの姿	●ペープサートや劇、しかけ絵本など、「こうすればこうなるだろう」と製作過程やできあがりの予想や見通しをもって進めたり、発表したときの相手の反応などを期待して表現を工夫したりするようになってきた。

ねらい	●友達と予想したり見通したりしながら、絵本や遊具などを作ったり遊び方を工夫する。	主な活動	●しかけ絵本「1．2．3」を作る。

時間	子どもの活動内容	保育者の援助	環境構成など
9:00	●登園する。 ●園庭の落ち葉を掃き集める。 ●柿の皮をむいて、干し柿を作る。	●子どもたちと落ち葉や木の実などをいっしょに集めたり、遊びや製作に使いやすいよう分類したり、押し葉にしておいたりなど、作ったり飾ったりしやすいよう必要な材料や道具を準備する。 ●7日（年によっては8日の場合も）は、「立冬」。朝夕の冷え込みも感じられるようになり、空気も乾燥してきている。一般家庭ではあまり作らなくなったが、日本の伝統文化である干し柿作りなどに挑戦するにはよい季節。	●皮引きや包丁、まな板、つるすためのひもなどを用意する。かび防止のために焼酎に漬けてつるすなどするとよい。
10:00	●落ち葉や木の実を使ってレストランごっこをする。		
10:30	●劇やペープサートなどを、友達や3、4歳児たちに見せる。 ●「おはぎがおよめにいくときは」のじゃんけんゲームをする。	●歌の「拍」に合わせてリズミカルにマスを動くおもしろさに共感するとともに、こつが体得できない子にはいっしょに動いて伝えていく。	●子どもの跳ぶ力に合わせて、無理のない大きさのマス目を引く。

時間	子どもの活動内容	保育者の援助	環境構成など
	●しかけ絵本「1．2．3」を考えたり作ったりする。 ・開くたびに画面が変化する効果が現れる図形を考える。 ・三角、四角、丸などの図形が分解してできる形から、「これがなにに見えるか」「なにに使えるか」など考えたり、友達とアイデアを伝え合ったりする。 ・展開に物語性が生まれるように考えたり、効果的な言葉を考えたりする。 ・できた絵本を仲間に見せる過程で、自分の意図と実際の効果について気づいたり、工夫する点を考えたりする。	●今まで何度か「しかけ絵本」を取り上げ、そのおもしろさを楽しんできた。そうした経験をふまえて、自分たちで絵変わりのしかけを使った絵本を考えてみる。 ●折り込んだページを開くと隠された絵柄が出て新しい絵に変わることがこのしかけ絵本のルールであることがわかってきているので、絵柄の意味づけ方に一連の物語性を付与するとおもしろいことを伝えていく。 ●子どもの発想、着眼点、表現方法の選び方、画材の組み合わせ方などについてていねいに認め、いっしょにその方策を探っていく。 【しかけ絵本「1．2．3」の変化例】	●現在は横に展開していく仕組みが、表現しやすく人気があるので、本の台紙は横開きのものを多く用意し、とじ込み型や穴あき展開型、蛇腹折型なども用意しておく。また、画用紙や色画用紙を自分で切って台紙が作れるようにもしておく。
12:00	●昼食を食べる。	※例えば上の作品は「1、三角のお山がありました。2、お山じゃないよ。ピエロだよ。3、ピエロじゃないよ。びっくり箱だよ。びょょーーん」「びっくりしたね」と子どもが発表。保育者は、「山だと思っていた三角は、ピエロの帽子だったんだね。すごいアイデア、三角帽子」と共感しました。	
13:00	●しかけ絵本「1．2．3」の発表会をする。		
14:00	●降園する。		

自己評価の視点

子どもの育ちを捉える視点

●三角、四角、丸などの図形の特徴をつかみながら、友達と予想したり見通したりして、絵本や遊具などを作ったり遊び方を工夫したりできていたか。

自らの保育を捉える視点

●子どもの図形に関する興味や関心を促したり、身近な物の形と関連させたりしながら、絵本のしかけを考えるための援助ができていたか。

12月

月案	p116
週案	p118
日案	p120
保育の展開	p122

子どもの姿と保育のポイント

● 得意なことを生かし、互いのよさに気づく

　共通の目的をもった友達といっしょに、自分の意見を言ったり友達の考えを聞いたりしながら、遊ぶ姿が見られるようになった子どもたちです。保育者は、工夫して遊ぶ楽しさがさらに味わえるよう援助することが大切です。例えば、次のようなことが考えられます。

・友達といっしょに描いたり作ったりする過程で、いろいろな表現方法を試せるように、いろいろな素材を意識的に用意しておく。
・曜日や行事予定などを意識しながら友達と計画したり遊びを進めたりできるよう、カレンダーなどを利用していく。
・将棋やオセロ、トランプ、すごろくなどのゲームを身近に置き、子どもたちといっしょにルールをつくったり遊び方を考えたりする。

● 話をよく聞き、相手にわかるように話そう

　相手の思いや考えを感じながら最後まで話を聞いたり、わからないことは尋ねてわかろうとしたりする態度を認めていきましょう。例えば、次のようなことになります。

・ミーティングなど、多くの友達が集まる場や機会をつくり、自分の考えや体験、絵本などの物語などを話したり、友達の話を聞いたりできるようにする。
・合奏やフォークダンスなどで自分の表現を工夫したり、友達の表現を見て取り入れたりしたことを言葉で共有する。
・学期末の片づけ、年の暮れの準備などをしながら、身近な人たちの生活の変化に関心をもったり、先人の生活の知恵を知り、それらについて話し合う。

新要領・新指針の視点で 今月の保育ピックアップ

子どもの活動

自分なりの課題をもって繰り返し挑戦し、やり遂げようとする

マラソン、縄跳びやこま回し、一輪車乗りなど、自分なりの課題をもって工夫しながら挑戦し続けたり、友達と教え合ったり励まし合ったりできる遊びを意図的に用意したりする。

`健康`

保育者の援助

小さな変化に励ましを

- 縄跳びやマラソン、一輪車や竹馬など、自分なりに課題や楽しみをもって挑戦している姿を励まし、がんばった過程や変化の様子をいっしょに喜んだり確かめたりしていくことが自信を育てる。自信ができると友達を認めることができるようになる。
- いろいろな役割や仕事のなかで、一人ひとりの幼児がもっている期待や自己有用感に共感しながら、その子なりの発想や工夫を認めていこう。

12月のテーマ

自分の得意なことを生かして、さらに遊びがおもしろくなるように工夫する。

保育者の援助

子どもたちの話をよく聞こう

一人ひとりの子どもの話に耳を傾けながら、「自分の話には価値がある」ことを実感できるようにすることが基本です。途中で言葉を挟んだり「要するに…」とせかすことのないよう、注意しましょう。　`言葉`

これもおさえたい！

社会の様子や暮らしの知恵に関心を向けよう

暮れの街の様子や、身近な人たちの生活の変化に関心をもてるよう、話題に出していきましょう。また、餅つきなどの年末の行事に参加して、暮れの行事や新しい年の訪れなどに期待をもてるようにしていきましょう。　`社会生活`

＊文末の `自立心` `協同性` `思考力` などは、その活動のなかに見られる「幼児期の終わりまでに育ってほしい姿」を表しています（30ページ参照）。

12月 月案

前月末の子どもの姿

- 遊びや生活上の必要から友達同士の意見の交流が盛んになり、遊びがよりおもしろくなるように、ルールや遊び方を相談しながら工夫するようになる。
- カレンダーなどを用いて計画を立てたり、新しい年を迎えることや干支が変わることなどにも関心をもつようになる。

＊表中の 自立心 協同性 思考力 などは、その活動のなかに見られる「幼児期の終わりまでに育ってほしい姿」を表しています（30ページ参照）。

	ねらい	子どもの活動内容
養護	◇自分の得意なことを表現したり、友達の得意なことを教えてもらったりする。 ◇かぜやインフルエンザなどを予防する話を聞き、習慣にする。	◇自分の話や表現を聞いてもらったり、温かく見てもらったりする。 ◇かぜやインフルエンザの予防について関心をもち、進んで防寒や手洗いやうがいをする。 健康 ◇大掃除をする。 
教育	◆共通の目的に向かって話し合い、工夫しながら遊ぶなかで、友達のよさに気づく。 協同性 ◆人の話をよく聞き、相手にわかるように話す。 ◆合奏やフォークダンスなどで自分の表現を工夫したり、友達の表現を見て取り入れたりする。 ◆年末の行事や学期末の片づけ、年の暮れの準備などをしながら、身近な人たちの生活の変化に関心をもったり、先人の生活の知恵を知ったりする。 社会生活	◆マラソン、縄跳びやこま回し、一輪車乗りなど、自分なりの課題をもって工夫しながら挑戦し続けたり、友達と教え合ったり励まし合ったりする。 健康 ◆氷や霜を利用しての実験遊びやステンドグラス作りなど、冬の自然現象を遊びのなかに取り入れ、その不思議さや美しさを楽しむ。 自然・生命 ◆植物を室内や温室などに入れるなど、防寒の用意をするなかで、植物の生命やふさわしい環境についての関心に共感していく。 ◆オセロ、将棋、トランプなど、友達と作戦を考えながらゲームをする。 思考力 ◆皆でフォークダンスや合奏などの表現活動をする。 ★小学生といっしょに計画や準備を進め、「俳句かるた作り」などの合同活動を楽しむ。 数量・図形・文字
教育活動後の時間	**認定こども園等** ●自分の挑戦したいこと、やりたいことに繰り返し取り組むなかで自信をもつ。 ●生活のなかで自分たちのできることに取り組むことで自己有用感を感じる。 自立心	●友達といっしょに挑戦したり励まし合ったり、互いに認め合うなどしながら、少し難しいことに取り組む楽しさを感じる。 自立心 ●自然の変化や季節の変化に気がつき、聞いたり調べたりする。 ●年末年始に向けて整理整頓、掃除など自分のできることを考え取り組む。

保幼小連携

★小学校の先生と、1～3月、保育修了式、そして入学式までの合同活動などについての計画を立てておく。小学校の先生方も「どんな子がくるかな」と期待して、園での生活の様子や活動の内容に最も関心を寄せる時期なので、1日小学校体験や給食試食会なども計画的に行っていく。

子育て支援・家庭との連携

- 1年の締めくくりの月。年末の暮らし方や、すがすがしく新年を迎える準備や心持ち、体調を維持すること、生活習慣の定着について、お便りなどで伝えていく。
- 保護者ボランティアがお楽しみ会に参加するなかで、子どもの成長やクラスとしての成長を感じられるようにする。

今月の保育のねらい

- 自分なりの課題をもって繰り返し挑戦し、やり遂げようとする。
- 自分の得意なことを生かして、さらに遊びがおもしろくなるように工夫する。
- 人の話をよく聞き、思いや考えを察しながら相手にわかるように話す。

行事予定

- 餅つき　●落ち葉たき（焼きいも）
- ★保幼小合同活動「俳句かるた作り」など
- お楽しみ会
- インフルエンザ予防の話

◇…養護面のねらいや活動　◆…教育面のねらいや活動　★…保幼小接続関連活動

保育者の援助と環境構成

◇一人ひとりの子どもの話に耳を傾け、「自分の話には価値がある」ことを実感できるようにする。
◇防寒やガラガラうがい、手洗いの必要性についてわかりやすく説明するとともに、行動が習慣化できるよう、適当な場所にポスターなどを貼り注意を喚起する。

◆目標や見通しをもって挑戦する姿を励まし、がんばった過程や変化の様子をいっしょに喜んだり確かめたりしていく。
◆オセロ、将棋、トランプなどのゲームでは、一人ひとりの思考力や理解力、判断力などの理解に努める。
◆年の暮れの街の様子や身近な人たちの生活の変化に関心をもてるようにし、餅つきなどの年末の行事に参加して暮れの行事や新しい年の訪れに期待できるようにする。 社会生活
◆子どもたちといっしょに冬の自然に関わるなかで、冬の自然現象や気候、人や動植物の生活の仕方に関心がもてるようにする。 自然・生命

- 個々の取り組みを認めるとともに、友達の取り組みや優しさなどに気がつくことができるように知らせる。 協同性
- 季節の移り変わりを感じることができるような機会を多く作る。
- 子どもたちができることをいっしょに考え、ヒントを出したり提案したりする。

保育資料

【うた・手遊び・リズム遊び】
・もりのくまさん
・あわてん坊のサンタクロース
・おしょうがつ　・もちつき
・おもちゃのシンフォニー（合奏）

【自然遊び】
・影あそび　・たき火

【運動遊び・伝承遊び】
・おしくらまんじゅう　・縄跳び
・マラソン　・シューフライ
・キッズマーチ

【表現・造形遊び（絵画製作）】
・ステンドグラス
・餅つきの描画
・お正月飾り

【絵本・物語】
・たのしいふゆごもり
・ことばあそびうた
・サンタクロースっているんでしょうか
・十二支のはじまり
・おしょうがつさん

▷…子どもの育ちを捉える視点　▶…自らの保育を振り返る視点

今月の食育

- 落ち葉たきは、屋外で火をおこして、その火で餅米やさつまいもを蒸したり焼いたりする日本の伝統的な冬の楽しみの1つです。野火のできる場所を選び、消火のための水を準備するなどしたうえで、楽しんでみましょう。

自己評価の視点

▷一人ひとりが自分なりの課題をもって挑戦していたか。また、特技を生かして工夫していたか。
▶一人ひとりの発達の課題をどう把握したのか。話をよく聞いて察したり、相手にわかるように話すための援助をしたりできていたか。

12月 週案

＊表中の 自立心 協同性 思考力 などは、その活動のなかに見られる「幼児期の終わりまでに育ってほしい姿」を表しています（30ページ参照）。

	第1週	第2週
ねらい	◇かぜやインフルエンザの予防について話を聞き、関心をもつ。……………………………………………………………▶ ◆自分や友達の得意なことを表現し合いながら、共通の目的に向かって話し合い、工夫しながら遊ぶなかで、友達のよさに気づく。 協同性	◆人の話をよく聞き、相手にわかるように話す。
活動内容	◇進んで防寒や手洗い、うがいをする。 ◆毎朝、園庭の落ち葉を集めて落ち葉たきの準備をする。 ◆餅つきをする。餅米をといで前日準備をして、米が餅になっていくおもしろさや先人の知恵を知る。 ◆チケット作りや会場飾りをして、表現を見てもらう準備をする。 ◆いろいろな楽器を使って「おもちゃのシンフォニー」などの合奏をする。 協同性 ★小学生との合同活動「俳句かるた作り」に参加して、小学生をまねながら俳句をつくる。 数量・図形・文字	◇病気の予防に必要な栄養、防寒、清潔についての話を聞く。 ◆落ち葉たきで焼きいもを焼く。 ◆ステンドグラスを作る。1年でもっとも太陽の南中高度が低く、光が部屋の奥まで届くこの時期に、ステンドグラス作りに挑戦する。 数量・図形・文字 ◆植物を室内や温室などに入れるなど、防寒の用意をするなかで、植物の生命やふさわしい環境についての関心に共感していく。 自然・生命 ◆いろいろな楽器の音色を楽しみながら合奏をする。 ◆オセロ、将棋、トランプなどのゲームをする。 思考力
援助と環境構成	●いろいろな表現方法や組み合わせができるような楽器や道具、材料などを子どもたちといっしょに用意する。 ●友達や小学生といっしょに作ったり遊んだりするとき、曜日や行事予定などを意識しながら計画したり、遊びを進めたりできるよう、カレンダーなどを利用して計画を立てたり、見通したりしていく。 思考力 ●相手の思いや考えを感じながら最後まで話を聞いたり、わからないことは尋ねてわかろうとしたりする態度を認めていく。 ●保護者の協力も得ながら餅つきなどの伝統行事を進めたり、その意味やいわれ、先人の生活の知恵をわかりやすく説明する。	●将棋やオセロ、トランプ、すごろくなどのゲームを身近に用意し、保育者もいっしょにルールを守ったり、考えたりする。 ●子どもたちが集まって話し合う場や機会を作り、自分の考えや体験、絵本などの物語について話したり、友達の話を聞いたりできるようにする。また、日常生活でも、友達の考え方ややり方に関心をもてるよう、意図や目的、工夫しているところなどを見つけ、よさやおもしろさについて話題にしていく。 協同性 ●子どもといっしょに冬の生活の支度をするなかで、冬の気候や人や動植物の生活の仕方に関心がもてるようにする。

認定こども園等

	第1週	第2週
教育活動後の時間	●年末年始を迎えることを知り、自分たちでできることを計画する。 ●自分のやりたいことや目当てを決めてじっくりと取り組む。	●冬ならではの楽しみを見つけて十分に楽しむ。 ●自分でやりたいこと、友達とやりたいことなど、自分の考えや思いを表して遊びを選択する。 言葉
援助と環境構成	●コアタイムで経験したことを生かしながら、自分たちの生活に見通しをもって年末年始の生活準備に意欲がもてるようにする。 ●もっとやりたいと思ったことに納得のいくまで挑戦したり、自分のやりたいことに集中して向かったりできる環境を用意する。	●冬のオブジェやイルミネーションなど、冬ならではの生活を楽しむことができるように、素材や用具を用意する。 ●自分でしたいことを自分の意思で決めることや自分の思いを伝えることができる状況を、意図的に作る。

◇…養護面のねらいや活動　◆…教育面のねらいや活動　★…保幼小接続関連活動

第3週

- ◆自分の得意なことを生かして遊びをおもしろくしようとしたり、友達のよさに関心をもって関わったりする。
- ◆合奏やフォークダンスなどで友達の音や動きを感じながら自分の表現を工夫することや、友達とやり遂げたことを喜ぶ。 感性・表現

- ◆マラソン、縄跳びやこま回しなど、自分なりの課題をもって挑戦し続けたり、友達と励まし合いながらやり遂げようとする。 協同性
- ◆身近な素材を生かして、クリスマスリースを作る。
- ◆霜柱や氷を集めて遊ぶ。 自然・生命
- ◆合奏をしたり、フォークダンスを踊ったりする。 協同性

- ●目標や見通しをもって挑戦する姿を励まし、がんばった過程や変化の様子をいっしょに喜んだり確かめたりしていく。
- ●いろいろな役割や仕事のなかで、一人ひとりの子どもがもっている期待や自己有用感に共感しながら、その子なりの発想や工夫を認めていく。
- ●オセロ、将棋、トランプなどのいろいろなゲームをするなかでは、相手の考えや動きを予想したり、自分の進め方に見通しをもつ力が見られるので、一人ひとりの思考力や理解力、判断力などの理解に努めるようにする。 思考力

- ●冬の生活作りを通して、自分たちで生活の場を作る楽しさや充実感を味わう。 健康
- ●オセロ、将棋、トランプなどいろいろなゲームを繰り返し楽しむ。

- ●冬の生活が楽しくなるようにイルミネーションをつける、冬の飾りを作る、これまで使ってきた物を整理するなどで、自分たちが役に立っているうれしさが感じられるようにしていく。

第4週

- ◆合奏やフォークダンスなどで自分の表現を工夫したり、友達の表現を見て取り入れたりする。
- ◆学期末の片づけや年の暮れの準備をしながら、身近な人たちの生活の変化に関心をもつ。

- ◆お楽しみ会に参加して踊ったり、うたったり、見て楽しんだりする。 感性・表現
- ◆ジングルベルのフォークダンスを踊る。
- ◆霜柱や氷を集めて遊ぶ。「実験遊び」では、氷ができやすい所を見つけて氷作りに挑戦する。
- ◆秋に刈り取ったわらを使って正月飾りを作る。
- ◇大掃除をする。

- ●年の暮れの街の様子や身近な人たちの生活の変化に関心をもてるようにし、餅つきなどの年末の行事に参加して、暮れの行事や新しい年の訪れに期待できるようにする。
- ●子どもといっしょに冬の自然に関わるなかで、冬の自然現象や気候、人や動植物の生活の仕方に関心がもてるようにする。子どもとともに雪、霜など自然の現象に興味をもち、触れて遊びながら、その性質に気づいていけるようにする。日なたと日陰、室外と室内、その他違いのある条件での簡単な実験などを行ってみる。

- ●年末年始について知り、楽しみにしたり、冬の自然に興味をもったりする。 社会生活
- ●自分たちの成長を喜び合ったり、互いによいところを認め合ったりする。

- ●保育者や友達と年末年始や冬の自然について興味をもって話すことができるような機会を作っていく。また、自然なやりとりのなかで、互いの思いが出し合えるようなきっかけづくりをする。

認定こども園の例

12月 日案

12月26日（水）

前日までの子どもの姿	●終業式で、冬休みにお手伝いをすることや挨拶をすることという話を聞いたあとで、年末年始の挨拶について問い直すと「よいお年をお迎えください」「あけましておめでとうございます」など、考えて答える様子が見られた。

ねらい	●新年を迎える準備をするなかで、書道や日本の文化に興味をもつ。	主な活動	●書道やお正月飾り作りを楽しむ。

時間	子どもの活動内容	保育者の援助	環境構成など
	●登園する。 ・挨拶をする。 ・所持品の始末をする。 ・身支度を整える。 ●自分の好きな遊びを見つけて遊ぶ。 ●片づけをする。	●登園した幼児の健康状態を視診したあと、子どもたちが冬季保育の園生活について思い出して生活が始められるように、必要に応じて声をかけていく。	●登園した幼児から、好きなコーナーで遊ぶことができるようにしておく。 ・ブロック、塗り絵、人形、あや取り、折り紙などをコーナーごとに分けておき、3、4歳児といっしょに使えるようにする。
9:00	●きょうの生活について保育者から話を聞く。 ・書道 ・お正月飾り作り	●5歳児だけがする活動として、お正月に飾る「賀正の文字書き」と「お飾り作り」をすること、またその由来を伝え、自分で取り組みたいものを選んで取り組めるよう知らせる。 ・書道は、自分の書きたい字を選び、感じたままに書くことができるように援助する。 ・お正月飾りは、松やわらを丸くしたり、紙を切ったりして、友達といっしょに作ることが楽しめるようにする。 ●選んで行った活動が終わった子から、戸外で遊ぶことを伝える。	●書道は、落ち着いて取り組むことができるように部屋の隅の方にコーナーを作る。動線を考え、水洗いのしやすい所を選ぶ。 ●お正月飾りは材料を選びながら飾りつけができるように用意する（松、紅白の紙、水引など）。

120

時間	子どもの活動内容	保育者の援助	環境構成など
10:50	●戸外で遊ぶ。 ・中当て ・縄跳び ・まりつき ・こま回し	●一人ひとりがやりたいことを見つけ、繰り返し挑戦している様子を応援する。 ●必要に応じてちょっとしたこつを知らせ、挑戦意欲を高めていく。 ●年長組として、年下の友達の世話をしたり、必要なことを自分で考えられるように声をかけていく。	●自分で挑戦したいものを選んだり、自分たちで遊びを楽しむことができるように遊具や場所を用意しておく。
12:00	●昼食の準備をする。 ●昼食を食べる。		
12:45	●休息 ・自分の選んだ絵本を読む。 ・折り紙 ・絵本の読み聞かせを聞く。 ・しりとり ・早口言葉	●自分で選んだ絵本をじっくりと楽しむことができるように、5歳児だけが絵本の部屋を使えるようにする。 ●お正月にまつわる話を選んで、読み聞かせをする。 ●しりとりや言葉遊びを意図的に取り入れることで言葉への興味や関心が湧くようにする。	●ゆったりとした雰囲気のなかで、絵本を一人ひとりが楽しめるように場所を選び調整しておく。 ●保育者や友達とのコミュニケーションを、言葉遊びのなかで、楽しむことができるようにする。
13:45	●近所のお米屋さんに行く。 ・お供え餅の注文。 ・正月用の餅つきの様子を見る。	●お米屋さんとの関わりを楽しんだり、師走の街の慌ただしさを感じたりできる機会を作る。	●1日の生活にメリハリができるような機会を、必要に応じて作っていく。
15:00	●おやつを食べる。 ●室内で遊ぶ。 ・自分の好きな遊具を使って遊ぶ。		
16:00	●順次降園する。	●一人ひとりの生活や取り組みについて保護者に伝える。	

自己評価の視点

子どもの育ちを捉える視点
●日本の伝統に触れて興味をもつことができたか。

自らの保育を捉える視点
●環境の再構成や保育者間の連携によって、メリハリのある1日のリズムと充実した保育が展開されていたか。

9・10・11・12月　保育の展開

防災

避難訓練のポイントをチェック

災害から身を守ることを徹底するために、避難訓練のポイントを、地震を例に整理します。

　9月1日は、防災の日です。これは1923（大正12）年9月1日に発生した関東大震災にちなんで、「広く国民が台風、高潮、津波、地震等の災害についての認識を深め、これに対処する心構えを準備する」こととして制定されました。この日を中心に、避難訓練や防災に関する行事が行われます。保育中、子どもたちの安全を守れるのは保育者をおいて他にいません。ここでは保育者の心構えと、普段からしておくべき備えを整理します。

1 避難訓練のねらい

・災害の恐ろしさや、命を守ることの大切さを知る。
・災害が発生したとき、保育者が的確な指示を出せるようにする。また、子どもたちがその指示に従って速やかに行動できるよう、安全な避難の仕方を身につける。

2 保育者の心構え

　子どもたちが園にいる時間に災害が発生した場合、子どもたちの命を守ることができるのは保育者だけです。それを肝に銘じて、普段から備えをしておかなくてはなりません。
　災害が起きると、子どもたちも保育者自身もパニック状態になることが予想されます。そのような状況で身の安全を確保し、避難場所まで誘導するには、普段から訓練を繰り返し、体にしみこませておくことです。子どもたちの命を預かっているのは自分であることを、常に意識しておきましょう。

3 日頃から確認しておくこと

・非常持ち出し袋の点検
・避難経路沿いの整理・整頓
・危険物の除去

・災害時の緊急連絡方法
・通報ベルの操作法
・地域の防災組織との協力体制

4 避難時に携帯するもの
（それぞれの園の状況に合わせてください）

・救急薬品
・非常持ち出し袋
・その日の出欠表
・健康観察表
・通報カード
・ラジオ　など

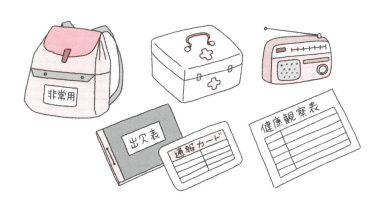

5 当日の行動〜地震の避難訓練の例〜
（＝普段から指導しておくこと）

1. 災害発生時の行動　→　まず自分の身の安全を守る
　　安全な場所でうずくまって、ダンゴムシのポーズをとる。
2. 近くの保育者のそばに集合する
3. 約束と保育者の指示に従って、決められた安全な場所に速やかに避難する

6 災害時の対応として、家庭と共通理解をもっておくこと

・どこに避難しているか、園児を保護者に引き渡す方法などを園で決定し、それを非常時の対応として、家庭へ連絡しておく。
・災害発生時、家族の避難場所や避難行動の仕方などについて、日頃から家族で共通理解をもっておくようお願いする。

9・10・11・12月　保育の展開

寒い時期に多くなる感染症への対策

冬になると流行するかぜやインフルエンザ。集団生活の場である園においては、特に感染が広がらないよう、対策を講じる必要があります。

子どもと家庭に予防策を伝えよう

寒さとともに、かぜやインフルエンザが流行する季節となります。
まず自分でできる予防法は、次の3つです。
・うがいや手洗いをきちんと行うこと
・睡眠を十分にとり、栄養バランスのよい食事をすること
・感染の危険がある人混みはできるだけ避けること
こうした予防法や感染症の情報などを、お便りなどで家庭へ伝えることも対策の1つになります。

かぜ予防の基本　うがい

うがいは、口の中やのどについたかぜの菌やウイルスなどを洗い流してくれます。外から帰ったらしっかりうがいをする習慣もつけましょう。水以外に、お茶でのうがいもおすすめです。

冬に多く見られる感染症

◆インフルエンザ
・原因
　インフルエンザウイルス。主に流行するのはA型とB型。その年によって流行する型が違う。
・症状
　急な発熱や悪寒、全身のだるさ、筋肉痛など。鼻水やせきなどがひどくなると、気管支炎を併発することもある。
・注意点
　発症から48時間以内に抗インフルエンザ薬を使用すると発熱期間を平均1日短くできるとされている。受診時、園や家族など周りの人がインフルエンザにかかっている場合には伝える。
※発症後5日を経過し、かつ解熱後3日を経過するまで登園（出席）停止。

◆RSウイルス感染症
・原因
　RSウイルス。90％以上の乳幼児が2歳の誕生日までに感染する。終生免疫はできず、再感染を繰り返す。
・症状
　潜伏期間（4～5日）を経て、多くは鼻水、せき、発熱などのかぜの症状が出る。
・注意点
　全身の状態をよく観察して、必要な場合は早めに受診する。

◆溶連菌感染症
・原因
　溶連菌の飛沫感染。
・症状
　突然の発熱やのどの痛み、咽頭炎、扁桃炎。舌が赤くブツブツして、細かい発疹（ほっしん）が体や顔、手足などに出て、かゆみを伴うことがある。
・注意点
　抗菌薬の内服（10～14日間）。元気になっても必ず最後まで飲みきる。一年中みられ、大人から子どもまで感染する。

冬の服装の注意点

子どもたちは、気温に合わせて衣服の調整をしようという意識が希薄な場合もあります。冬の服装は、どんな点に気をつければよいでしょうか？

 大人より1枚少なめに

寒さが厳しくなってくるとつい多めに着込みがちですが、子どもは体温が高く、汗もかきやすいので、大人より1枚少ない服装を心がけるように、お便りなどで家庭に伝えましょう。園では、子どもたちの活動量によって、衣服の調節・着脱を保育者が配慮します。

冬を暖かく過ごす服装のコツ

★ポイント1　きちんと下着を着る
　まず、きちんと下着を着けて、体を冷やさないことが大切です。

★ポイント2　上手な重ね着
　厚手の服を1枚着るより、素材の異なる薄めの服を2枚重ねる方が、空気の層ができて暖かくなり、室温に合わせて脱ぎ着がしやすくなります。

★ポイント3　3つの"首"をガード
　首・手首・足首が冷えると、体全体も冷え、かぜをひきやすくなります。首は熱が逃げやすい場所です。首にはタートルネックのセーターやマフラー、手首には手袋、足首には厚手の靴下やレッグウォーマーを着用してしっかり保温し、血流をよくしましょう。

9・10・11・12月 保育の展開

言葉　「言葉の力」を育てる遊び

頭字遊びから、いろいろな言葉遊びが始まります。そこには、発達の様相が見てとれます。発達に沿った遊びで、言葉の力を育てましょう。

「話し言葉」の充実→「書き言葉」の世界へ

　幼児期にもっとも大切なのは、話し言葉の世界を豊かにすることです。これが肥沃な土壌となってこそ、書き言葉（文字）の力へとつながっていきます。小学校入学が間近になる時期には、「文字が読める・書けるようになりたい」という成長への憧れが、子どもたちを「書き言葉」の世界へと誘っていきます。

1　頭字遊び　「"か"の付くもの、な〜んだ？」

◆まず、自分の名前から
・5歳になるとほとんどの子どもは「自分の名前」を読んだり書いたりできる。

⬇

・友達の名前のなかに、自分の名前にある字と共通の字を発見する。

⬇

◆いろいろな文字探しへ
・文字探しへの興味が広がり、「（例えば自分の名前にある）"か"の付くもの、なーんだ？」という頭字遊びが始まる。

⬇

・「今日は食べ物で」「今度は動物の名前で」とか、「最初の字じゃなく、最後の字でしようよ」など、次第に工夫する姿が見られる。
・いろいろな名前がどのような音の配置で構成されているかに興味・関心が向く。

◆しりとり遊びへ発展
・しりとりは4歳児期でも見られるが、音韻的にとるか、文字的にとるかの違いが出てくる。

2　5歳児が楽しめるいろいろな言葉遊び

5歳児クラスになって言葉の使い方も上達すると、早口言葉や回文、だじゃれも楽しめるようになってきます。これらは日本語の習熟にたいへん役立ちます。

また、なぞなぞは物の概念を問題とした「思考力」を鍛える遊びです。

◆早口言葉
・「なまむぎ　なまごめ　なまたまご」
・「となりの　きゃくは　よく　かきくう　きゃくだ」

◆だじゃれ
・「しゃれを　いいなしゃれ」
・「でんわには　でんわ」
・「いるかは　いるか」

◆回文
・「わたし　まけましたわ」
・「だんすが　すんだ」
・「たけやぶ　やけた」

◆なぞなぞ
・「3つ目目玉で、車を見ている怪獣な〜んだ？」（答え：信号）
・「大きなお口に、白い歯と黒い歯がいっぱい並んでいて、歌が大好き、な〜んだ？」（答え：ピアノ）

3　かるた遊び

◆**既成のかるたで遊ぶ**
・既成のかるたで何度か遊ぶと、かるたの仕組みや遊び方のイメージがもてる。
　　↓
◆**自分たちでかるたを作る**
・頭字遊びの応用で、絵札と字札を作る。
・最初は、自分の好きな文字で作っているが、次第に50音を分担し合う様子も見られるようになる（50音そろわなくても、問題なく楽しく遊べます）。

＊正確性にはこだわらずに

5歳の時期に、あまり文字の正確さや書き順の指導にこだわってしまうと「書写」の時間になってしまいがちなので考えものです。地域により実態も異なりますので、一度、最寄りの小学校低学年の先生たちとも話し合うとよいでしょう。

これがきっかけとなって、保育所や幼稚園と小学校の連携教育がスムーズに進み、「見通しをもって幼児期に大切な意欲を育ててくれているんだ」と、保護者たちの信頼や安心を得ることにもつながります。

9・10・11・12月　保育の展開

9・10・11・12月　保育の展開

言葉　「非認知的能力」と「認知的能力」双方を育てる遊び

「非認知的能力」を育てる大切さは66ページで触れました。しかし、実際の保育のなかでは「非認知的能力」だけが伸びるわけではなく、「認知的能力」とともに伸びていきます。その様子を、お話作りの活動を例に、見てみましょう。

お話リレー

4、5人のグループで紙芝居を作る遊びです。いきなり話し合って物語を作るというのは難しいので、まず、子どもたち一人ひとりが好きな絵を描きます。

（1）好きな絵を描く（動物や乗り物、食べ物、海の中や宇宙など、テーマを設定してもよい）。
（2）描いた絵を合わせて、どんな物語ができるか話し合う（保育者が手伝って、物語を書き留めておくとよい）。
（3）最初は2つの絵をつなぐことを考え、そこから次々つなげていくと、お話リレーのイメージがつかみやすい（「それから」「すると」「とうとう」など、物語の展開に役立つ接続詞などを意識的に使いながら、子どもたちの語りを引き出すことがポイント）。
（4）何度も紙芝居をしながら、よりおもしろい展開になるように順番を考えたり、言葉を練ったりしていくのを楽しむ。

◆ 非認知的能力の育ち
・友達の話を関心をもって聞き、理解したり共感したりする力。
・いっしょに作り上げようと、意欲をもって取り組む力。
・友達を理解し思いやりをもつことや、自信をもってみんなに聞いてもらおうとする力。

◆ 認知的能力の育ち
・描いた絵に登場した物（者）や状況の特徴を、お話に結びつけながら、見ている人に説明する。
・主語述語をはっきりさせて、自分の意見を言う。

生活のなかで育つ言葉 —教育活動後の時間のなかで

言葉

保育の形態もメンバーも保育者も変わる「教育活動後の時間」の特徴を生かして、活動や場作りを考えます。ここでは、言葉の力が育つための環境や援助を考えます。

じっくり、ゆったり、その子のペースで

精いっぱい動いたあとの時間。一人ひとりが自分のペースで安心して遊べる環境と、様々な思いを受けとめてくれる保育者の関わりが大切になります。長時間や預かり担当の保育者は、教育時間担任の保育者から情報を得て、子どもの表情を見ながら保育を開始します。

◆子どもの話を受けとめる時間と場に

> 午前、積み木で遊びたい友達と遊べなかったYくん。最近お母さんも忙しく、ほとんどいっしょに過ごす時間がない。

- A先生は、絵本を見ようと誘いながら、「積み木で遊んだの？」と話のきっかけを作った。Yくんは、朝からの出来事や家庭のことを話し出した。話し終えるとほっとした表情で、好きな絵本を読み始めた。
- 安心感と自分の思いを言葉で表現できたことが、思いを伝える豊かな言葉の育ちにつながる。

◆5歳児として活躍できる場に

> 異年齢児との関わりが増える午後の生活では、5歳児として活躍できるきっかけを意図的に作るようにする。

- 「Aくん、Mちゃんに片づけ方を教えてあげて」と、言葉で知らせる機会を作り、伝えるための言葉を考えたり、使ったりする機会にする。

◆ボードゲームで楽しむ時間

> 2、3人でするボードゲームやトランプは、午後のほっとした時間の楽しみになる。

- ゲームの理解や難しいやりとりが必要なことがあるので、保育者も関わることによって、ルールの理解が進み、互いの会話も弾み、言葉の力も育つ。

◆引き続きの遊びをする場に

> 教育時間内の活動をもっと続けたいという場合が出てくる。状況によって、継続できるように担任と情報交換をする。

- 午前に絵本作りをしていたBちゃん。「もっと絵が描きたい」という要求に応え、納得できるまで続ける時間と場所を整える。
- この結果、絵本作りの遊びが翌日の教育時間の遊びへの刺激となるとともに、言葉の表現を伸ばすことにもつながった。

9・10・11・12月 保育の展開

月案 ………… p132
週案 ………… p134
日案 ………… p136
保育の展開 …… p154

子どもの姿と保育のポイント

好奇心や思考力を刺激する正月遊び

　遊びが深まるなかで、そのものの仕組みや法則性に気づくこと、その法則性を生かした「うまくいく」やり方を体得して技を磨いていくことにより、子どもの好奇心や思考力はさらに刺激されます。

　例えば、こま回しでは、強く投げて回すと長くよく回るほか、ひもの長さも回転数に関係してきます。しかし、ひもが長いほど、回す技術や力も必要とされます。

冬の自然現象で楽しく遊ぼう

　寒さ、強い風、低い太陽からの光などは、おもしろい冬の自然現象です。これらは楽しい遊びを子どもたちに与えてくれて、好奇心を刺激し、思考力を揺さぶります。また、寒い時期でも戸外に出て遊ぶ動機づけになります。

　例えば「寒さ」を楽しむ遊びでは、氷の実験や氷柱花作りなど。「強い風」を楽しむ遊びでは、たこ揚げや風輪遊び。「太陽の光」に関しては影踏みなどもおもしろい遊びです。

　教材研究で、遊びや遊具に固有の仕組みやその季節の自然の特徴を生かした遊びを研究してみることも大切なポイントとなります。

「文字」や「数」は遊びをおもしろくする

　かるたやトランプ、すごろくなどのおもしろさは「文字」や「数」のもつ特性にあります。生活や遊びを通じて、自分たちに関係の深い数や量の特徴に関心をもち、必要感をもって数えたり、比べたりしてみましょう。また、文字やさまざまな標識が、人と人をつなぐコミュニケーションの役割をもつことにも気づきながら使うように促しましょう。

今月の保育ピックアップ

環境構成

数理的な見方や考え方・表現を促す環境

●対象を比べる。
　㋐物を並べたり、重ねたり、入れ替えたりして、長さ、大きさ、強さ、早さなどを比べたりしながら、物の数（数量）を見つけ出す環境。
　㋑物の形（図形、空間）の共通点や相違点に気づく環境。
●トランプやかるたなどで枚数を競って、多い、少ないの区別をする。（A＞C＞B）や（A＝B＝C）など。
●〜人、〜個、〜本、〜枚など数詞を使って話す。
●〜と比べて、〜の方が、一番〜など、関係を比較する言葉を使う。
●今日の日付や曜日、現在の時刻を言ったり、時間や月日の順序を考えて話したりする。

1月のテーマ
文字や数への関心を深める。

かるたやトランプ・すごろく・オセロなど、友達と数を競い合う遊びには、自然に文字や数字などへの興味や関心を促す魅力があります。

`数量・図形・文字`

環境構成

数えること、まとまりで把握することを促す視点（集合数や順序数を意識）

・事物を指さして、一対一に対応させながら数える。
・求めに応じて、「△△を〜個」、「□□を〜個」、「○○を〜個」など、種類や数の違うものを取る。
・前から○人目、右から○番目、下から○段目など順序や位置関係がわかる。
・クラスの友達と、人数や物の個数を意識しながら、ゲームのセッティングをする。
・ひもや紙、おやつのホットケーキなどを、同じくらいの長さや大きさに切ったり分けたりしようとする。

これもおさえたい！

文字への興味を育てる

子どもたちが書いてあることに注意を向けたり関心を示したりする環境を作りましょう。

・自分の名前がわかり、ひらがなで書いてみる。
・書きたいと思い、文字や表示（ロゴ）などを見ながらまねて書く。
・友達といっしょに、絵本や表現して遊べるものを作ることを楽しむ（手紙、看板、名札、カードなど）。

＊文末の `自立心` `協同性` `思考力` などは、その活動のなかに見られる「幼児期の終わりまでに育ってほしい姿」を表しています（30ページ参照）。

1月 月案

前月末の子どもの姿
- 氷や雪、霜、北風など、自然の現象に興味をもち、触れて遊びながらその性質に気づいていく。
- すごろくやトランプ、絵本や紙芝居などから、数や文字などに関心が高まり、それらを使って遊ぼうとする。

＊表中の 自立心 協同性 思考力 などは、その活動のなかに見られる「幼児期の終わりまでに育ってほしい姿」を表しています（30ページ参照）。

	ねらい	子どもの活動内容
養護	◇生活のリズムを整え、新しい年の始まりに期待をもって生活する。 ◇手洗いやうがいなどをていねいに行い、感染症を予防する。	◇持ってきた荷物や用具を整頓する。 ◇かぜやインフルエンザなどの予防を意識して、手洗いやうがいをていねいにする。また、せきエチケットなどの行動の習慣を身につける。
教育	◆新年の行事に参加したり、お正月遊びを楽しんだりする。 ◆共通の目的に向かって話し合い、工夫しながら遊ぶなかで、友達のよさに気づく。 協同性 ◆人の話をよく聞き、相手にわかるように話す。 言葉 ◆かるたやトランプ、オセロ、郵便ごっこなど、文字や数字、記号に関心をもって遊ぶ。	◆新しい年を祝う会に参加し、保育者たちの羽根つきやこま回し、竹馬、縄跳びなどの技を見て楽しんだり、自分も挑戦する。 ◆書き初めをしたり郵便ごっこをしたりする。 数量・図形・文字 ◆七草がゆや鏡開きなどの文化や、干し大根作りなどの知恵にふれる。 社会生活 ◆友達と競い合いながらすごろく、トランプ、かるた、オセロや将棋などのゲームをする。 思考力 数量・図形・文字 ◆たこを作って揚げたり、風輪を作って遊んだりする。 ★1年生といっしょにかるたやすごろくを作って遊ぶ。 ◆友達と俳句を考えて発表したり、絵本作りやペープサート劇をしたりする。 感性・表現
教育活動後の時間	**認定こども園等** ●友達や保育者との再会を喜び、正月休みの様子を互いに伝え合う。 ●正月遊びを友達とするなかで、文字や数への興味、関心を増す。	●正月に家族でしたことやさまざまな人と出会ったことなど、保育者や友達に伝えたり、友達の話を興味をもって聞いたりする。 ●こま回しや竹馬など、できるようになりたいことに繰り返し挑戦する。 自立心 ●友達といっしょに遊ぶなかで会話を楽しむ。

保幼小連携
★言葉や数などの学習内容について、小学校の先生と話をしたり、1年生の教科書を見たりして、保育者自身が「学習」について関心をもつことも大切。園生活で何気なくやっていることが、小学校の学習と直結していることに気づくことができる。

子育て支援・家庭との連携
- 5歳児の成長を互いに喜び合い、期待をもって就学に向かえるよう配慮するなかで、不安をもつ保護者に寄り添っていく。
- リーダー学年の保護者としての態度、まとめ、引き継ぎを、少しずつ意識して行動していけるように導いていく。

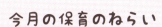

今月の保育のねらい

- 共通の目的に向かって話し合い、工夫しながら遊ぶなかで、友達のよさに気づく。
- 文字や記号、数量の意味に関心をもち、遊びを楽しむ。
- 人の話をよく聞き、自分の意見を相手にわかるように話す。

行事予定

- 新しい年を祝う会
- 身体測定　●避難訓練
- 鏡開き
- ★保幼小合同活動
  「かるた・すごろくを作って遊ぼう」

◇…養護面のねらいや活動　◆…教育面のねらいや活動　★…保幼小接続関連活動

保育者の援助と環境構成

◇年末年始で不規則になった生活習慣やリズムを少しずつ無理のないように整えていくよう配慮する。

◇せきをしている子どもにマスクの着用を促す。せきやくしゃみの際はティッシュなどで口と鼻を押さえ、他の人から顔をそむける。鼻汁、痰などを含んだティッシュをすぐにふた付きの廃棄物箱に捨てられる環境を整える。

◆正月遊びや冬の自然現象に関わる遊びなどには、子どもたちの好奇心や思考力を刺激するおもしろさがたくさんあるので、一つひとつの遊びがもっている特性を把握し、その遊びのなかで育っている「学びに向かう力」を見るようにする。 **思考力**

◆集まって話し合う場を作り、友達に考えや体験、絵本などの物語を話したり、友達の話を聞いたりできるようにする。また、カレンダーなどを活用して日程が見通せるようにする。 **言葉**

◆文字や数への関心を大切に受けとめ、その有用性に気づいたり、使い手となることの喜びを高めていったりする。

- 2、3人の友達と話ができるような場所を作る。
- 子ども同士の会話が弾んだり、必要なことができるように、保育者が必要に応じて会話に加わる。
- 繰り返し取り組むことのできる場所と時間の保障をする。

保育資料

【うた・手遊び・リズム遊び】
- おしょうがつ　・たこの歌
- カレンダーマーチ
- 君の手のひらと（手遊び）
- おちゃらかホイ　・ずいずいずっころばし

【自然遊び】
- 風輪　・たこ揚げ　・氷の実験

【運動遊び・伝承遊び】
- キッズマーチ　・陣取り　・ドッジボール

【表現・造形遊び（絵画製作）】
- 氷柱花作り　・風輪やたこ作り

【絵本・物語】
- 十二支のはじまり
- おおはくちょうのそら

▷…子どもの育ちを捉える視点　▶…自らの保育を振り返る視点

今月の食育

- 年が明け、おせち料理や七草がゆ、鏡開きの餅、ぜんざいなど、行事や節目にちなんだ食べ物を味わうなかで、それらの文化的な意味や由来を知ったり考えたりする。
- 収穫した大根の皮をむいて日に干し、干し大根を作る。それによって、栄養価、味、保存性が上がるなど、先人たちの知恵も知る。

自己評価の視点

▷冬の自然や遊びに関わり、気づいたり考えたりしていたか。

▶子どもの知的好奇心を揺さぶるような遊びや遊具は提案できたか。また、「言葉」や「数、量、形」に関わる指導の工夫ができていたか。

1月 週案

*表中の 自立心 協同性 思考力 などは、その活動のなかに見られる「幼児期の終わりまでに育ってほしい姿」を表しています（30ページ参照）。

	第1週	第2週
ねらい	◇生活のリズムを整え、新しい年の始まりに期待をもって生活する。 ◆新年の行事に参加したり、お正月遊びを楽しんだりする。	◆共通の目的に向かって話し合い、工夫しながら遊ぶなかで、友達のよさに気づく。 協同性 ◆人の話をよく聞き、相手にわかるように話す。 言葉 ◆かるたや郵便ごっこなど、文字や数字、記号に関心をもって遊ぶ。
活動内容	◇持ってきた荷物や用具を整頓する。 ◆新しい年を祝う会に参加し、保育者たちの羽根つきやこま回しなどの技を見て楽しんだり、自分も挑戦してみようとする。 ◆書き初めをする。 ◆友達や保育者に年賀状を書いて郵便ごっこをする。 数量・図形・文字	◆友達と誘い合って、竹馬やこま回し、羽根つき、縄跳びなど、技術の上達を目指して練習する。 ◆七草がゆや鏡開きなどの日本の伝統文化に触れる。 協同性 ◆相手の考えや動きを予想したり、自分の進め方に見通しをもちながら、将棋、トランプ、かるたなどのゲームをする。 思考力 ◆たこを作って揚げたり、風輪を作って遊んだりする。 ◆「カレンダーマーチ」をうたう。
援助と環境構成	●年末年始で不規則になった生活習慣やリズムを、無理のないように少しずつ整えていくよう配慮する。 ●正月遊びや冬の自然現象に関わる遊びなどには、子どもの好奇心や思考力を刺激するおもしろさがたくさんあるので、一つ一つの遊びがもっている特性を把握し、その遊びのなかで育っている、「学びに向かう力」を見るようにする。 ●文字への関心を大切に受けとめ、その有用性に気づいたり、使い手となることの喜びを高めていったりするようにする。	●将棋やトランプ、すごろくなどのゲームを身近に置き、子どもたちといっしょに楽しみながら、ルールを作ったり遊び方を考えたりする。 ●朝や帰りの集まりなどで、友達に考えや体験、絵本などの物語を話したり、友達の話を聞いたりする機会を作っていく。 ●友達といっしょに作ったり遊んだりするとき、曜日や行事予定などを意識しながら計画したり遊びを進めたりできるよう、カレンダーなどを利用して計画を立てたり、見通していく。

認定こども園等

	第1週	第2週
教育活動後の時間	●家庭で経験したことを友達や保育者に話す。 言葉 ●正月ならではの遊び（羽根つき、福笑い、かるたなど）を友達や保育者といっしょに楽しむ。	●友達と誘い合って「あの遊びにしよう」「いっしょに遊ぼう」と始めた遊びにじっくりと取り組む（トランプ、ボードゲーム、ドミノなど）。 協同性 ●遊びのなかで友達との会話ややりとりを楽しむ。
援助と環境構成	●お飾り花などで、正月らしさが感じられるようにする。 ●家庭生活の様子に合わせてゆったりと過ごすことができる空間を作る。	●自分たちのやりたいことが続けられるように、2〜4人で向かい合えるような場所を人数に応じて作る。 ●遊びのルールを1日の保育を通して共通にして、自分たちで遊びを進めることができるようにする。

◇…養護面のねらいや活動　◆…教育面のねらいや活動　★…保幼小接続関連活動

第3週	第4週
◆友達と競い合ったり励まし合ったりしながら、遊ぶ楽しさを味わう。	
◆指編みでマフラーやアクセサリーを作る。 ★1年生といっしょにかるたやすごろくを作って遊ぶ。 数量・図形・文字 ◆友達と物語を考え、絵本作りやペープサート劇をする。 感性・表現 ◆「カレンダーマーチ」や「君の手のひらと」などをうたう。 ◇避難訓練に参加する。	◆縄跳びやマラソン、一輪車や竹馬など、自分の課題に挑戦する。 ◆氷の実験を楽しむ（草花を入れて氷柱花を作ったり、光の屈折を楽しんだりする）。 自然・生命 ◆「おはぎがおよめにいくときは」のじゃんけんゲームをする。 ◆こま大会をして、仲間と技を競い合う。 ◆「寒い朝」「白い息」などをお題に、俳句をつくって発表し合う。 言葉 ◆大根を収穫して干し大根にする。 自然・生命
●友達といっしょに描いたり作ったりする過程で、いろいろな表現方法が試せたり、いろいろな組み合わせができたりするような道具や材料などを、子どもといっしょに用意する。 ★集合数や順序数といった数のもつ性質のおもしろさや不思議さなどへの気づきや発見、疑問などに共感しながら、子どもの探究心や生活のなかで数を使おうとする姿を励ましていく。 ●相手の思いや考えを感じながら最後まで話を聞いたり、わからないことは尋ねてわかろうとしたりする態度を認めていく。	●こま回し、縄跳びやマラソン、一輪車や竹馬など、自分なりに課題や楽しみをもって挑戦する姿を励まし、がんばった過程や変化の様子をいっしょに喜んだり確かめたりする。 ●いろいろな役割や仕事のなかで、一人ひとりの子どもがもっている期待や自己有用感に共感しながら、その子なりの発想や工夫を認めていく。 ●子どもとともに雪、霜など、厳しい寒の自然の現象に興味をもち触れて遊びながら、その物の性質やできる仕組みに気づいていく。
●友達との会話ややりとりを楽しみながら、自分たちのお気に入りの遊びを楽しむ（ボードゲーム、迷路作り、カードゲーム、ドッジボール、サッカー）。	●こま回しの練習を友達といっしょに繰り返し行い、こま大会を楽しみにする。 思考力 ●小枝を使ったオブジェや氷作りなど、冬の趣を遊びに取り入れて遊ぶ。
●遊びや生活のなかで得たさまざまな気づきや発見を、確かめたり再現したりできるようにする。 ●保育者も会話の仲間になり、話を聞いたり言葉を補ったりして、友達との会話が楽しめるようにする。	●がんばっている様子を見守りほめて、挑戦への意欲がいっそう増すようにしていく。 ●自然のなかでの発見を受け止め、興味が広がるようにする。

幼稚園の例

1月 日案

1月11日（金）

前日までの子どもの姿	●かるたやゲーム、オペレッタなど、友達といっしょになって活動するなかで、自分の課題や目標、動きややり方のイメージが自然とできてきている。

ねらい	●友達と競い合ったり励まし合ったりしながら遊ぶなかで、言葉や文字、数字、記号などに関心をもつ。	主な活動	●おもしろ探検かるた（小学校との合同活動として行う例）

時間	子どもの活動内容	保育者の援助	環境構成など
9:00	●登園する。 　挨拶をして、持ち物の始末をする。 ＜好きな遊びをする＞ ●氷を集めて遊ぶ。 　・「今日は寒いから息がすごく白い」「今日の朝は寒かったから氷が厚くて硬い」「寒かったから（雨でなく）雪が降った」など、体感するものの変化に推理と検証が進んでいく。 ●自分たちで企画したこま回し大会や羽根つき大会に参加する。 　・金メダルをはじめいろいろなメダルを作って、仲間と健闘をたたえ合う。 ●ぐにゃぐにゃたこやゲイラカイトを作って、揚げる。 ●オペレッタ「ほがらか森のくぬぎの木」の衣装を作る。 　・くぬぎ、ちょう、かぶとむし、蜂、人間など登場するものの動きを工夫して表現する。	●水蒸気（吐いた白い息）、雪、氷、水がいっしょに存在する季節の楽しみに共感しながら、さまざまな水の姿への気づきを促していく。 ●こま回し大会では、回る時間の長さを競う部門や小さなお皿などの中で回す技術部門などと分化が進んできている。羽根つきも個人やダブルスと自分たちで楽しみ方を工夫している姿を認め、保育者も求めに応じて審判や大会委員長の役割を果たす。 ●自分はどう表現したいという課題や目標、イメージが自然とできてきたことがよく伝わってくる。今は、それぞれの子の登場するものへの思いを大切にしながら、話し合いながら物を作ったり準備したりしていく。	●池にできる氷に加えて、皿やバケツ、ペットボトル容器などを用意する。室内や戸外のいろいろな場所で「氷できるかな？」の実験が行え、氷の厚さの違いが比べられるように準備しておく。 ●金メダルをはじめ、いろいろなメダルができるよう、段ボール片や色紙、使用済みリボンなどを準備する。 ●たこ作りに必要な材料を準備する。たこ糸、竹ひご、ビニールなど。 ●かぶれるもの、身につけて動ける丈夫な不織布やビニール素材などを用意するとともに、それらを補強したり彩ったりできるように、色ビニールやテープ、ゴムや空き容器などを用意しておく。

時間	子どもの活動内容	保育者の援助	環境構成など
10:00	<小学校との合同活動「おもしろ探検かるた」> ●1年生や友達と自分の気づきや思い、考えなどを伝え合いながらいっしょに遊んだり、「探検」や「俳句作り」をすることに期待をもちながら、小学校へ行く。	●「探検」「俳句作り」のなかでは、1年生や友達と自分なりの考えやイメージを伝え合いながら活動する楽しさが味わえるようにする。	●小学校のいろいろな教室や施設を探検できるよう、連絡調整を行っておく。 ●下図のような俳句ワークシートを準備する。
11:00	●1年生に案内してもらいながら小学校内を歩いたり、俳句ワークシートを使って俳句を考えたりしながら、小学校のいろいろなものや人に関心をもつ。 ・小学校の生活に触れながら、他者の思いや思い入れのあるものなどに気づく。 ・自分の考えた言葉を1年生に聞いてもらったり、書きとってもらったりする。 ・五七調のリズムを意識しながら表現する。 ・1年生といっしょにいろいろなものを見たり、話し合ったりするなかで、自分の思いを言葉に託す楽しさを感じる。	●1年生といっしょに俳句ワークシートを使って俳句を考えたり、協力して活動したりするなかで、自分と違うところに気づいたり憧れたりする気持ちに共感していく。 ・1年生に対する、憧れや親しみを大切にしながら、幼児の思いや考え、見ている世界が言葉となって表され、人と共感したり分かり合ったりする喜びがもてるように見守っていく。 ・日本語に特徴的な拍の感覚が感じられるようにするとともに、五七調のルールにそって言葉遊びをする「ちょっと知的な体験」を、保育者もともに表現しながら味わっていくようにする。	
12:30	●かるたを作る。 ・作った俳句を文字札にする。 ・絵札を描く。	●小学校生活の不安や疑問については保育者も積極的に言葉にして、児童からの助言や体験談を引き出していくようにする。	●ひらがなの50音表を表示する。
13:30	●昼食を食べる。 ●クラスでかるた取り大会をする。		
14:00	●降園する。		

自己評価の視点

子どもの育ちを捉える視点
●1年生や友達と活動するなかで、言葉や文字、数字、記号などに関心をもったり、自分でも表現しようとしたりしたか。

自らの保育を捉える視点
●言葉や文字や数字、記号などに関心をもち、「表現したい」気持ちを刺激するような活動や環境が計画できていたか。

月案	p140
週案	p142
日案	p144
保育の展開	p154

子どもの姿と保育のポイント

成長して園を巣立っていく喜びや期待を促していく

あと1か月あまりで卒園という時期。もうすぐ巣立っていくという気持ちで、園のリーダーとしての仕事や役割を後輩たちに引き継いでいきます。

例えば、動物の世話や共同の遊具や用具の手入れなどもその1つです。4歳児を誘って活動したり、やり方やルールを伝えたりする姿もよく見られるようになります。そのなかで友達の様子に注目し、自分や友達の行動の変化にも気づいていきます。

園生活のさまざまな場面で思いを伝え合う姿を支え、保育者の言葉で子どもたちの変化や成長を物語っていくことも大切です。

人とつながっていく喜びを実感

表現発表会や修了に向けての行事など、園生活の集大成に向かう生活が始まります。

表現発表会などでは、友達とみんなで声を合わせてうたうことや、自分の役割を演じながらひとつの話の流れをつくりあげていくこと、ともに汗を流すことなどを大切にして、「友達といっしょにするって、気持ちいい」という感情に共感していきましょう。

「幼児期の終わりまでに育ってほしい姿」と日々の保育

「教育要領」や「保育指針」は、「～を味わう」、「～を感じる」などのように、いわばその後の教育の方向づけを重視した「ねらい」で構成されています。これは、発達の段階に考慮した結果ですが、幼児教育の専門家以外には、具体的な育ちの姿が見えにくいという指摘もあります。小学校へと子どもの育ちをつなげるためにも、幼児の発達や学びの個人差に留意しながら、「幼児期の終わりまでに育ってほしい姿」を具体的にイメージして、日々の保育を行っていく必要があります。

今月の保育ピックアップ

活動の事例

事例「氷の実験」

＊この事例をもとに、下段「事例の考察」で「育ってほしい姿」の捉え方を考えます。

前日、皿などの容器に水を入れて帰った幼児たちは、登園するとすぐ、各々の皿を見に行った。口々に「私の氷は厚いよ」「僕のは、きれい」と、友達と比べたり、自分の氷に見入ったりしている。S子は、手にした氷を太陽にかざして、「先生、水って手で持てるん知っとる？」と言う。「ほら、水を持っています。次は、手品で水にしま〜す」と、手の熱でポタポタとしずくの落ちる氷を差し上げている。そばで聞いていたT夫は、「僕は、もっとすごい手品をしてやる。ほら、顔がお化けになるぞお！」と、手にした氷を顔の前にかざして突進してきた。 [思考力] [自然・生命] [感性・表現]

2月のテーマ

さまざまな場面で育ってきた
「幼児期の終わりまでに育ってほしい姿」
を見直す。

事例の考察

「育ってほしい姿」をどのように捉えていくか

上記の事例のなかで、手ですくうか、容器に入れないと持てない水が、氷になって手で持つことができるという事実は、これまで彼らが形成してきた水の概念を揺さぶっています。

幼児は、身近な事象に積極的に関わり、物の性質や仕組みなどを感じ取ったり、気づいたりします。そのなかで、思いを巡らし、予想したり、工夫したりするなど、多様な関わりを楽しむようになります。

この事例からは、「思考力の芽生え」「協同性」「自然との関わり」「豊かな感性」などに関わる育ちの姿が見えてきます。もちろん、「幼児期の終わりまでに育ってほしい姿」は、それぞれの項目が個別に取り出されて指導されるものではありません。しかしながら、幼児の「知識及び技能の基礎」「思考力、判断力、表現力等の基礎」「学びに向かう力、人間性等」の育ちを捉えようとする場合、これらの「姿」を軸に据えて幼児を見ることで、より多面的な幼児理解につながります。

＊文末の [自立心] [協同性] [思考力] などは、その活動のなかに見られる「幼児期の終わりまでに育ってほしい姿」を表しています（30ページ参照）。

2月 月案

前月末の子どもの姿

- 登場人物の気持ちや立場を表現して演じたり、必要な道具や衣装などを作ったりすることを、喜ぶようになる。
- 寒さのなかにも、初春の木の芽の息吹や風の暖かさなど、自然の変化を感じるようになる。

＊表中の 自立心 協同性 思考力 などは、その活動のなかに見られる「幼児期の終わりまでに育ってほしい姿」を表しています（30ページ参照）。

	ねらい	子どもの活動内容
養護	◇一人ひとりが自分の力を出し合い、役割を分担しながらやり遂げていく充実感を味わう。 協同性	◇園の仕事や役割の引き継ぎを意識して、小さい組の子どもたちを誘って動物の世話をする。 健康
教育	◆体感する温度、木の芽の様子や梅の花など、冬から春への変化に気づく。 自然・生命 ◆友達と話し合ったり伝え合ったりしながら、オペレッタや劇遊びなどの表現をいっしょに作り出していく楽しさを味わう。 ◆表現発表会や修了に向けての準備をしたり行事に参加したりしながら、大きくなったことを感じたり、小学校への期待をもったりする。	◆節分の話を聞いたり、豆まきをしたりする。 社会生活 ◆衣装や舞台、小道具などを作り、オペレッタや劇などをする。 感性・表現 ◆自分のパートを表現したり、友達の声や音を聞き取りながら、みんなで合唱や合奏をする。 協同性 ◆表現発表会の準備をしたり、リハーサルをしたりしながら期待を膨らませ、園生活最後の表現発表会を楽しむ。 協同性 ◆粘土でひな人形を作り、焼きあげる。 ★1年生といっしょに、小学校探検や俳句かるたを楽しむ。 ◆修了記念製作とするDVDに収録する映像撮りをする。

認定こども園等

教育活動後の時間	●特に興味をもってやりたいこと、挑戦したいことにじっくりと取り組むなかで、自信を増していく。 自立心 ●自分たちが大きくなったことを喜び合う。	●生活のなかで、自分たちの成長に気づき、自信が増す。 自立心 ●表現発表会を楽しみにする。 ●季節を感じ、節分やひな祭りに興味をもつ。

保幼小連携

★1年生との関わりのなかで、小学校生活に明るいイメージがもてるようにする。
★クラスのみんなで、学習や通学などの具体的な心配事や期待していることを話し合える場をもつようにする。

子育て支援・家庭との連携

●就学前の大きな行事である表現発表会のねらいや取り組み、その過程で育つものを理解してもらえるよう家庭へ働きかける。その過程も認めていくことで、子どもたちの1年生へ向けての自信となっていくよう配慮していく。

> 2月 ▶ 2月_月案

今月の保育のねらい

- それぞれの力を出し合い、話し合ったり役割を分担したりしながら、やり遂げていく喜びを味わう。
- 氷、雪、霜、冷たい風など冬の自然の様子から、草木の芽吹く様子や暖かさなど環境の変化を感じる。

行事予定

- 節分（豆まき）
- 表現発表会
- ★保幼小合同活動「小学校探検」

◇…養護面のねらいや活動　◆…教育面のねらいや活動　★…保幼小接続関連活動

保育者の援助と環境構成

◇園生活のさまざまな場面で、5歳児から4歳児に仕事や役割を伝える姿を支えていき、人とつながっていく喜びが実感できるようにする。

◆冬から春に季節を分ける節分や立春の意味を子どもたちにわかりやすく伝えるとともに、成長して園を巣立っていく喜びや期待を促していく。
◆戸外に出て活動する機会を多くし、木々の芽吹きなど春に向かっていく気温や自然の変化に気づきやすいようにする。
◆みんなで声や音を合わせてうたったり、演奏したりすることや、ともに汗を流すことなどを大切にし、「友達といっしょは気持ちいい」という感情に共感する。
◆自分たちで楽器に親しんで演奏を楽しもうとする姿を見守ったり、さまざまな楽器に触れられるよう配慮する。
◆仲間の特徴を活動の目的に合った形で表現できるように、話し合いの場を「それいいね。やってみよう」という支持的な雰囲気のなかで進められるよう努める。

- 表現発表会に向けての取り組みについて友達といっしょに再現したり、話をしたりできるようにする。
- 戸外の変化を感じたり、伝統行事の絵本に触れたりできる機会を作る。

保育資料

【うた・手遊び・リズム遊び】
- まめまき　・はじめの一歩
- 合唱「ドレミの歌」　・一年生になったら
- リズム遊び「おにのパンツ」

【自然遊び】
- 影踏み　・芽やつぼみ探し
- 氷、雪遊び

【運動遊び・伝承遊び】
- おはぎがおよめにいくときは　・陣取り
- おしくらまんじゅう　・ドッジボール
- 縄跳び「ゆうびんやさん」
  　　　　「おじょうさんおはいんなさい」

【表現・造形遊び（絵画製作）】
- オペレッタ「ほがらか森のくぬぎの木」
- 劇「さんまいのおふだ」

【絵本・物語】
- さんまいのおふだ
- ほがらか森のくぬぎの木
- からすたろう
- ビリーはもうすぐ1ねんせい

▷…子どもの育ちを捉える視点　▶…自らの保育を振り返る視点

今月の食育

- 自分の健康を守るために、手洗いや睡眠、食事などの大切さを知り、偏食のマイナス面に気づいたり、箸の持ち方や食事のマナーなどのよい食習慣について考えるよう指導する。同時に、小学校の給食へも不安なく期待をもてるようにしていく。また、食材カードを使って、栄養素の役割を考える。

自己評価の視点

▷一人ひとりが力を出し切り、話し合ったり役割を分担したりしながら、やり遂げていく喜びが味わえていたか。
▶表現発表会などにおいて、子ども一人ひとりの持ち味を引き出す演出や援助ができたか。
▶園生活の総決算として、「幼児期の終わりまでに育ってほしい姿」から、一人ひとりの育ちやよさを見直す。

＊表中の 自立心 協同性 思考力 などは、その活動のなかに見られる「幼児期の終わりまでに育ってほしい姿」を表しています（30ページ参照）。

	第1週	第2週
ねらい	◆春へと向かう季節の様子に関心をもち、節分にちなんだ話を聞いたり、豆まきをしたりする。 ◆友達と話し合ったり伝え合ったりしながら、オペレッタや劇遊びなどの表現をいっしょに作り出していく楽しさを味わう。	◆明るくやわらかい日ざしや木々の芽、訪れる小鳥など、早春の自然の美しさや不思議さ、おもしろさに気づく。 ◆友達と話し合ったり伝え合ったりしながら、オペレッタや劇遊びの遊具作りなどの表現やルールを、工夫して作り出していく。
活動内容	◆戸外で、縄跳び、竹馬、鬼ごっこ、おしくらまんじゅう、力くらべなど、体を動かす遊びを楽しむ。 ◆節分にまつわる話を聞いたり絵本を見たりする。 ◆鬼のお面や豆を入れる升を作る。 ◆豆まきをしたり、「まめまき」の歌をうたったりする。 ◆自分で作った衣装などを着て、「ほがらか森のくぬぎの木」のオペレッタをする。 感性・表現 ◆ローラーを使ってオペレッタで使う背景を塗る。 	◇園の仕事や役割の引き継ぎを意識して、小さいクラスの子どもたちを誘って動物の世話をする。 健康 ◆梅のつぼみの匂いを嗅いだり、見入ったりする。 自然・生命 ◆土粘土でひな人形を作る。 ◆表現発表会でやりたい内容を話し合ったり、計画を立てたりする。 思考力 ◆「ほがらか森のくぬぎの木」のオペレッタをする。 ◆「おもちゃのシンフォニー」の合奏をする。 ◆「一年生になったら」「ドレミの歌」などの歌をうたう。
援助と環境構成	●冬から春に季節を分ける節分や立春の意味を、子どもたちにわかりやすく伝える。 ●戸外に出て活動する機会を多くし、植物の世話や手入れをいっしょにするなかで、木々の芽吹きなど春に向かっていく気温や自然の変化に気づきやすいようにする。 自然・生命 ●氷や雪などを集めたり、作り方や保存の仕方などを比較実験したりする姿を大切にしながら、好奇心や美しさへの興味に共感する。 ●自分の健康を意識して、かぜやインフルエンザなどが予防できるよう指導する。	●オペレッタや劇では、「自分たちなりの表現の楽しさ」から「人に伝え共感し合う楽しさ」へと関心が変化してくることをとらえる。また、友達との間隔や自分の立ち位置などに気づいて、表現や動きを考える姿を見守ったり、励ましたり、保育者の意見を伝えたりする。 ●「ドレミの歌」の二部合唱や「おもちゃのシンフォニー」の合奏など、合わせることでより美しい表現になる曲を準備して、合唱や合奏を楽しめるようにする。 ●自分たちで楽器に親しんで演奏を楽しもうとする姿を見守ったり、さまざまな楽器に触れられるよう配慮したりする。

認定こども園等

	第1週	第2週
教育活動後の時間	●オペレッタで使う歌を友達といっしょにうたったり、オペレッタについての話をしたりして楽しみにする。 ●節分をきっかけに昔話や絵本、童話に興味をもって見たり読んだりする。	●早春の自然を感じながら、縄跳び、ボールなど、戸外での遊びを十分に楽しむ。 自然・生命 ●生活の引き継ぎについて友達といっしょに考える。 健康
援助と環境構成	●じっくりと一人ひとりの思いや考えを聞き、自分たちの経験や思いを受け止めていく。 ●日の長さ、寒さ、春日和など、季節の変化に気がつけるようにする。	●戸外で遊ぶことのできる時間を作り、意欲的に一人ひとりが取り組める用具を用意する。 ●楽器や音源を用意して、発表会が楽しくなるようにする。

◇…養護面のねらいや活動　◆…教育面のねらいや活動　★…保幼小接続関連活動

第3週	第4週
······················▶ ······················▶	◆表現発表会や修了に向けての準備をしたり行事に参加したりしながら、大きくなったことを感じたり、小学校への期待をもったりする。 ◆体感する温度、木の芽の様子や梅の花など、冬から春への変化に気づく。
◆小さい組の子どもたちを誘って動物の世話をしたり、片づけパトロールをしたりして、園の仕事や役割を引き継いでいく。 健康 ◆梅の花をさして飾ったり、描いたりする。 ◆ひな人形に釉薬をつけて焼きあげる。 ◆衣装や道具を作り、オペレッタをする。 ◆表現発表会で披露したい得意技の練習をする。 感性・表現 ◆クラスのみんなで合奏や合唱をする。 ★小学校探検に使う探検バッグを作る。	◆表現発表会のアナウンス内容を考え、いろいろな表現を磨く。 言葉 ◆表現発表会の準備をしたり、リハーサルをしたりしながら期待を膨らませ、園生活最後の表現発表会を楽しむ。 自立心 ★1年生といっしょに、小学校探検で作った俳句をかるたにする（小学校探検のなかで、校内の文字や数や表示や標識などに関心をもったり、それらを使ったりする）。 言葉 数量・図形・文字 ◆修了記念製作とするDVDに収録する映像撮りをする。
●園生活のさまざまな場面で、5歳児から4歳児に伝え合う姿を支えていき、人とつながっていく喜びが実感できるようにする。 ●これまでの知識を生かし、適当な道具を選んで自分たちで作ろうとする姿を励ましながら、補強したり調節したりして、仕上がりを考えて作っていけるよう援助する。 思考力 ●みんなで声を合わせてうたうこと、自分の役割を演じながら1つの表現を作り上げていくこと、ともに汗を流すことなどを大切にし、「友達といっしょは気持ちいい」という気持ちに共感する。 協同性	●修了に向かう行事や園生活のまとめについて、友達といっしょに話し合いながら、作り上げていく姿を支える。 ●生活や活動を見通して、目標や自分たちの現在の準備内容などを確かめたり、共通理解したりできるような話し合いの場をもつ。 ●これまで知り合った仲間の特徴を活動の目的に合った形で表現できるように、話し合いの場を「それいいね。やってみよう」という支持的な雰囲気のなかで進められるよう努める。 協同性 （例えば、文字や数などへの期待や不安のような小学校生活や学習に関することに着目し、信頼や知的好奇心を促したり援助したりする。）
●もっとできるようになりたいことや、やりたいことに挑戦する（竹馬、こま回し、一輪車、編み物、製作など）。 ●クラスで発表することを楽しみにして会話を弾ませる。	●カレンダーや予定表づくりなどに、友達といっしょに取り組み、小学校生活、修了式や入学式を楽しみにする。 思考力 ●文字や数に興味や関心を持ち、遊びや生活のなかに取り入れていく。 数量・図形・文字
●一人ひとりの生活の様子を見ながら、自信をもち満足して修了するための目標がもてるようにする。 ●話をしっかりと聞くことで、伝える喜びが味わえるようになる。	●一人ひとりのよいところが発揮できるような機会をつくることで、互いのよさに気づき合えるようにする。

2月 日案

2月15日（金）

幼稚園の例

前日までの子どもの姿	●仲間と表現を練りながら表現発表会に向かう姿の評価が、自信や自分の成長への気づきにつながっている。また、飼育動物の世話などの活動のなかで、園のリーダー役を引き継ぐ後輩たちのことが話題になる。

ねらい	●友達と話し合いながら、いっしょに表現を工夫し、うたったり、演じたりする。	主な活動	●表現発表会へ向けたオペレッタや合奏、合唱の練習をする。

時間	子どもの活動内容	保育者の援助	環境構成など
	●登園する。 ●4歳児たちを誘って飼育動物の世話をし、園の仕事を後輩に引き継いでいく。		
9:00	●表現会で行う得意な技を練習して、磨きをかける。		
9:30	●衣装や小道具を修繕し、「ほがらか森のくぬぎの木」のオペレッタをする。 ・一つひとつの歌詞の意味がわかってきたので、曲のリズムやテンポに合わせて適当な動きをしたり、曲想を感じながら表現したりする。 ・友達といっしょにうたったり踊ったりすることや、その様子を人に見てもらうことを楽しむ。 ・動きのなかで自分の作った衣装が体に合っているか、動きやすいか、そのものらしい表現ができるかなどについて、気づいたり考えたりする。	●衣装などの製作や修繕では、子どもがイメージに合わせて作っていく過程を大切にしながら、求めに応じて手伝ったりいっしょに考えたりしていく。 ・リズムや拍を意識し、みんなで気持ちを通じ合わせながら動くことや声を合わせてうたうこと、自分の役割を演じながら1つの物語の流れをつくりあげていくことなどを、大切に認めていく。 ・「友達といっしょに表現するって気持ちいい。みんなの力が集まればすごいことができる」という気持ちに共感していく。 ・友達との間隔や自分の立ち位置などに気づいていく様子を、正面の客席前に座って見守るようにする。「人からどう見えているか」「どのように動くといいか」を考える姿を励ましたり、求められれば保育者の意見を伝えたりする。	●オペレッタや劇の衣装や道具に必要な材料を用意しておく。 ●子どもたちが自由に音楽をかけてオペレッタや劇ができるよう、CDなどを用意しておくとともに、オーディオ機器を調整しておく。

時間	子どもの活動内容	保育者の援助	環境構成など
11:00	●合奏をする。 ・いろいろな楽器をいじってみたり、音を出したりして、まず楽器を演奏することのおもしろさを味わう。 ・音楽に合わせて歩いたり、音楽に合わせて、手を打ったり拍子をとったりして、リズムを身体的に捉える。 ・「おもちゃのシンフォニー」の合奏をする。 ・楽器の音を注意して聞きながら演奏する。	●声や楽器などで、リズム、メロディー、ハーモニーという3つの音楽的要素を合わせることが合奏や合唱の指導のポイントと捉えて、次のことに留意する。 ・合奏では、曲全体の流れをイメージしながら、それぞれのパートをしっかりとやり遂げられるよう指揮し、みんなでつくり上げるおもしろさ、力を合わせてやり遂げた楽しさを味わえるようにする。 ・楽器のていねいな扱いやふさわしい表現を工夫している子どもを評価し、みんなの前でそれを知らせ、共有できるようにする。	●キーボードやオルガン、シンセサイザーなどの鍵盤楽器をはじめ、ギロ、カスタネット、太鼓、おもちゃのラッパ（赤ちゃん時代のおもちゃで十分）、オカリナ、水笛など、いろいろな楽器を用意する。 ●子どもたちといっしょに、ひな壇風の舞台を大型積み木などで作る。
	●歌をうたう。 ・男女がそれぞれのパートに分かれて「ドレミの歌」の二部合唱に挑戦する。 ・自分の声に自信をもってうたう。 ・「自分の歌声」と「他人の歌声」を聴き合い、合唱のあとの話し合いでは、心のなかの願いや思い、感動などを伝え合う。	・合唱の初めの段階では、自分の声部の旋律を維持していくことが精いっぱいの子どもたちであったが、声を合わせる体験を積み重ねていくうちに、他の声部との重なりや響き合いの楽しさに気づくようになってくる。そうした「気づきの声」があがったのを逃さず捉えて認め、それをみんなに伝えることで、合唱の楽しさを共有できるようにする。 ・伴奏に合わせて、自分のパートを自信をもって歌えるよう指揮するとともに、次第に聴き合う力が育っていくようにする。	
12:00	●昼食を食べる。		
13:30	●隣のクラスと学級対抗でドッジボールをする。		
14:00	●降園する。		

自己評価の視点

子どもの育ちを捉える視点
●友達と話し合いながら、いっしょにうたったり、演じたりする楽しさを味わえていたか。また、自分なりの工夫をしていたか。

自らの保育を捉える視点
●子どもがのびのびとうたったり演奏したりする楽しさが味わえるような指導のプロセスが実現できていたか。

月案	p148
週案	p150
日案	p152
保育の展開	p154

子どもの姿と保育のポイント

やり遂げたことが自信に

　自分たちで企画・構成をしていろいろな行事をやり遂げたことや、それらを保護者や大人たちから評価されたことで、普段の園生活にも自信めいたものが感じられるようになります。さらにいろいろな場で自分のもっている力や気づきや考えなどを表現していこうとするようになってきます。

　また、自分たちがリーダーとして行ってきた園の仕事や役割を4歳児に伝えることを喜び、伝える活動のなかであらためてそうすることの意味を知ったり、生活のなかのきまりの大切さを知って守ろうとしたりする姿も多く見られます。

　一方、修了に向かう準備のなかで、小学校生活への期待とともに、ちょっぴりの不安も見られます。

不安の解消には、先を見通すこと

　就学や新生活への不安は、経験がないため「わからない」「見通せない」ことから生まれます。ですから、「わかるための手がかりをつかむ」「見通せて、やってみて、できた」という体験を重ねて、安心と自信がもてるようにしていきましょう。具体的には、行事や活動の意味、見方や考え方、動き方などをわかりやすく説明するとよいでしょう。

今月の保育ピックアップ

新要領・新指針の視点で

保育者の援助
不安を解消するために

小学校入学に対して不安を感じる子もいます。初めてのことに向かうわけですから、無理もありません。そんなときには、手がかりや見通しをもつための援助が大切です。
・修了までの生活に見通しがもてるようにするとともに、目標や自分たちの現在の準備状況などを確かめたり、共通理解を深めたりできるように話し合いの場をもつ。
・これから行う行事や活動のなかで、子どもたちが成長したことを認められたりほめられたり、憧れられたりする機会をつくる。　`健康` `自立心`

これもおさえたい！
非認知的能力は生きる力

逆境を跳ね返す力は、「非認知的能力」（66ページ参照）として大切なものの１つです。不安だった感情が落ち着く体験、それを乗り越える体験、さらには期待に変わっていく実感を、保育者は支えていきましょう。それらは生きる力として一生の宝物となります。　`道徳・規範`

3月のテーマ
修了に向けての行事や活動のなかで
自分の成長を感じたり、
周囲の人への感謝の気持ちをもったりする。

保育者の援助
つながっていることの実感を

子どもたちにとって、今の自分は「現在」、小さいクラスの子たちは「過去」の自分、小学生は近い「未来」、大人たちは少し遠い「未来」です。修了に向けてのいろいろな行事や活動で、小さい組や小学生、身近な大人たちと関わり、自分が何かしてあげられたり、喜んでもらったりする体験は「今、みんなとつながっている」と実感させてくれます。そうした気持ちに共感を表すことが、自尊感情につながり、次のステージへ自信をもって進む力となるでしょう。　`自立心`

環境構成
「ありがとう」の気持ちを

修了式の日、筆者の園では毎年はなむけに、保育室にスイートピー（花言葉「旅立ち」）を生けていました。なんらかの形で、子どもたちに「ありがとう。あなたに会えてよかった」の気持ちを、そして保護者の皆様にも心から感謝を表せるとよいですね。

＊文末の `自立心` `協同性` `思考力` などは、その活動のなかに見られる「幼児期の終わりまでに育ってほしい姿」を表しています（30ページ参照）。

3月

147

3月 月案

前月末の子どもの姿

- 修了に向けてのいろいろな準備のなかで、小学校生活への期待が表現されるようになる。
- いろいろな園の仕事や役割を4歳児に伝えることを喜び、あらためて生活のなかのきまりの大切さを知って守ろうとする。

＊表中の [自立心] [協同性] [思考力] などは、その活動のなかに見られる「幼児期の終わりまでに育ってほしい姿」を表しています（30ページ参照）。

	ねらい	子どもの活動内容
養護	◇就学への期待や不安を表現しながらも安定して過ごす。 ◇お別れ遠足やお別れパーティーに参加したり、修了に向けての準備をしたりするなかで、自分や友達の成長を感じる。	◇3、4歳児たちへのプレゼントを作ったり、お別れ遠足やお別れパーティーに参加したりする。 ◇4歳児たちを誘って飼育動物の世話をしたり、サッカーやドッジボールなどをしたりする。
教育	◆体感する温度、木の芽の様子や梅の花など、冬から春への変化に気づく。[自然・生命] ★小学校探検で1年生に案内されたり、修了準備や行事への参加をしたりしながら、大きくなったことを感じ、就学への期待をもつ。[自立心] ◆園生活の場を整えたり、あとに使う人たちのことを考えて環境を作ったりする。 ◆修了の準備をしたり式に参加したりして、自分の成長を感じたりお世話になった人たちへの感謝の気持ちをもったりする。	◆作品ファイルの表紙に絵を描き、1年間の作品の整理をする。 ◆手作りのひな人形を飾ったり、ひな祭りの歌をうたったりする。 ★1年生に小学校生活の話を聞いたり、1年生の作った「1年生おもいでのアルバム」を見せてもらったりして、小学校生活への期待をもったり、1年生とペアになって小学校探検をして学習の環境に関心をもったりする。[健康] ◆次に進級してくる子どもたちのために、保育室を飾ったり整えたりして、最年長としての誇りや役割、仕事などを引き継ぐ。[健康] ◆修了式の準備やリハーサルを進め、修了式に参加する。お世話になった人たちに、うれしい気持ちや感謝の気持ちを伝える。[自立心]
教育活動後の時間	**認定こども園等** ●自分たちの成長を喜び、修了式までの生活や行事を楽しみにする。 ●小学校での生活に期待をもつ。	●修了までにやりたいことやできるようになりたいことに取り組むことで、満足感や自信を得る。[自立心] ●小学生から話を聞いて、1年生になってからの生活を知り安心する。[健康] 

保幼小連携

★指導要録を作成して進学する小学校へ送付するが、文書だけで子どもそれぞれの特性や配慮事項を伝えることは難しい。小学校での新しい担任の先生に直接伝えることができると安心。小学校が公開する参観日や行事に参加すると、話すチャンスも作りやすい。

子育て支援・家庭との連携

●修了と就学の行事は、わが子が周囲の人たちに支えられてきたことを実感し、感謝できる節目のとき。今までの子育ての反省とともに、子どもと自分の成長を確認して自信をもち、次のステップへ進めるように援助していく。

今月の保育のねらい

- 修了に向けてのいろいろな行事や活動のなかで、自分の成長を感じたり、周囲の人への感謝の気持ちをもったりする。
- 春の自然の変化を感じ、期待をもって動植物などを観察したり世話をしたりする。

行事予定

- ひな祭り　●お別れ遠足
- お別れパーティー　●交通安全教室
- ★保幼小合同活動「小学校探検」
- ありがとうのお茶会　●修了式

◇…養護面のねらいや活動　◆…教育面のねらいや活動　★…保幼小接続関連活動

保育者の援助と環境構成

◇子どものなかに「自分は成長した」「自分の思いは相手に伝わり実現する」という確かな感覚が生まれていることを実感できるように、また就学への不安が期待へと変わっていくように、共感や賞賛の言葉を伝えていく。 自立心

◇自分たちがこれまでやってきたいろいろな園の仕事や役割を4歳児に伝えることで、誇らしさが十分に実感できるようにする。 自立心

★小学生や先生との関わりのなかで就学に期待し、明るいイメージをもって入学準備できるようサポートする。学習や通学など具体的な心配事や期待していることを話し合いの場で出し合って、子どもと対話していく場をもつようにする。

◆文字や数などへの憧れや不安に注目し、それらを自分のものにすることで湧いてくる自分への信頼や知的好奇心を促したり、助けたりする。 数量・図形・文字

◆身近な人への感謝の気持ちや心を込めた表現を支えていきながら、修了式では子どもたちと保護者、保育者がともに成長を祝い、喜びを感じられるよう、言葉や体をのびのびと力強く使って表現できるような場や構成を考える。

- 縄跳び、楽器、編み物、習字など、これまで取り組んできたさまざまなことが実現できるように、環境を整える。
- 一人ひとりが、取り組みに満足できるまでサポートする。

保育資料

【うた・手遊び・リズム遊び】
- ドキドキドン！一年生
- 一年生になったら
- ともだちになるために
- しゅうりょうのうた
- 思い出のアルバム

【自然遊び】
- 木の芽探し

【運動遊び・伝承遊び】
- 竹馬
- まりつき
- ジェスチャーゲーム

【表現・造形遊び（絵画製作）】
- 保育室の壁面構成
「おおきいくみになって おめでとう」

【絵本・物語】
- おおきな木
- ともだちや
- おおきくなるっていうことは

▷…子どもの育ちを捉える視点　▶…自らの保育を振り返る視点

今月の食育

- 3、4歳児といっしょに弁当を食べたり、お別れパーティーで3、4歳児の手作り軽食を食べたり、保護者を招待して「ありがとうのお茶会」を開いたりと、修了前は思いや感謝を伝え合う場として「食」が多く関わる。ずっと弁当を作ってくれた人への感謝の気持ちを言葉や手紙で伝えるなど、実りある内容になるよう心がける。

自己評価の視点

▷自分の成長を感じたり、自信をもって表現したりしていたか。
▷小学校生活への期待を、言葉や態度で表現していたか。
▶行事や修了に向けた活動の内容は、子どもが自信をもったり感謝の気持ちを表現したりできる構成になっていたか。

*表中の 自立心 協同性 思考力 などは、その活動のなかに見られる「幼児期の終わりまでに育ってほしい姿」を表しています（30ページ参照）。

	第1週	第2週
ねらい	◇お別れ遠足やパーティーに参加したり、修了に向けての準備をしたりするなかで、自分や友達の成長を感じる。 ◆体感する温度、木の芽の様子や梅の花など、冬から春への変化に気づく。 自然・生命	◇小学校探検で1年生に案内されたり、修了準備や行事への参加をしたりしながら、大きくなったことを感じ、就学への期待をもつ。 ◆園の生活の場を整えたり、あとに使う人たちのことを考えて環境を作ったりする。
活動内容	◆4歳児たちを誘って飼育動物の世話をしたり、サッカーやドッジボールなどをしたりする。 自立心 ◆作品ファイルの表紙に絵を描き、1年間の作品の整理をする。 ◆手作りのひな人形を飾ったり、ひな祭りの歌をうたったりする。 ◆次に進級してくる子どもたちのために、保育室を飾ったり、伝えたいことをメッセージにしたりする。 言葉 ◆修了記念製作とするDVDに収録する映像撮りをする。	◆3、4歳児たちへのプレゼントを作ったり、お別れ遠足やパーティーに参加する。 ★1年生の作った「1年生おもいでのアルバム」を見せてもらったり、話を聞いたりして、小学校生活への期待をもったり、1年生とペアになって小学校探検をして学習の環境に関心をもったりする。 健康 ◆修了式のリハーサルをする。修了式にうたう「国歌」や「しゅうりょうのうた」「思い出のアルバム」や園歌をうたったり、お別れの言葉をみんなで言ったりする。 協同性
援助と環境構成	●自分たちがこれまでやってきた動物の世話や園内環境の片づけ、行事の準備など、いろいろな園の仕事や役割を4歳児に伝えることに誇らしさが感じられ、「こんなことができるようになった自分」を十分に実感できるようにする。 健康 ●「そうなんだ、それって大切なことなんだよね」などという共感が、子どもたちのなかに「自分は成長した」「自分の思いは相手に伝わり実現する」という確かな感覚を生む。このことは、慣れ親しんだ園環境から小学校へと巣立っていくときの不安を期待へと変えていくうえで、特に大切になる。	★小学生や先生との合同活動の成果として、「小学校には、あのお兄ちゃんやお姉ちゃんがいる」「あの先生が待ってくれている」「あの部屋にはおもしろそうな○○がある」という期待感が育っている。その明るいイメージをもって入学準備できるようサポートする。 ●学習や通学などでの心配事や期待していることを出し合い、子どもたちと対話していく場をもつようにする。 ●文字や数などへの憧れや不安に注目し、それらを自分のものにすることで湧いてくる知的好奇心を促したり、助けたりする。 数量・図形・文字

認定こども園等

	第1週	第2週
教育活動後の時間	●今、自分たちのやっている取り組み（プレゼント作りや飼育の引き継ぎなど）について、保育者に話をする。 ●ひな祭りをきっかけに、春の訪れや成長の喜びを感じる。	●挑戦していたことや継続して取り組んでいたことをやり遂げた喜びを味わう。 自立心 ●修了や就学に向けての話題を友達といっしょに楽しむ。
援助と環境構成	●教育時間を含めた幼児の姿から、一人ひとりががんばっている姿を認めて自信につながるようにする。 ●室内や玄関などを春の装いに変化させ、春の訪れや成長を喜びたくなるような雰囲気作りをする。	●縄跳び、楽器、編み物、習字など、できた喜びが味わえるように、最大限の時間を使い、アドバイスをしていく。また「ここまでがんばった」という自信をもてるような言葉かけをする。 ●ほっとひと息つける時間や空間を確保する。

◇…養護面のねらいや活動　◆…教育面のねらいや活動　★…保幼小接続関連活動

第3週

◇修了の準備をしたり式に参加したりして、自分の成長を感じたりお世話になった人たちへの感謝の気持ちをもったりする。

◆保護者たちに、心を込めて「ありがとうのお茶会」をする。 社会生活
◆次に進級してくる子どもたちのために、保育室を飾ったり整えたりして、最年長としての誇りや役割、仕事などを引き継ぐメッセージを作る。 言葉
◆修了式の会場をしつらえ、修了式に参加する。お世話になった人たちに、うれしい気持ちや感謝の気持ちを伝える。 自立心

●身近な人への感謝の気持ちや心を込めた表現を支えていく。例えば、最後の弁当日には、感謝のメッセージを弁当箱に忍ばせて帰るなどのサプライズなども用意する。
●修了式では子どもと保護者、保育者がともに成長を祝い、喜びが感じられるよう、言葉や体をのびのびと力強く使って表現できるような場や構成を考える。

第4週

■子どもたちが巣立っていったあと、最後の仕事は1年間の子どもたちとの園生活の余韻を噛みしめながら行う、「幼稚園幼児指導要録」「保育所児童保育要録」などの作成です。これらの抄本は進学先の小学校に送付する必要がありますから、小学校の先生方の指導にも役立ててもらえることが大切なポイントとなります。
保育日誌や一人ひとりの子どもたちの育ちを書いた個人記録などから、必要な情報を整理していきます。その際、次の3点を押さえるとまとめやすいです。
1. 子どもの生活や発達の連続性を踏まえての、その子への関わり（指導）の重点。
2. 具体的な指導のプロセスと子どもの成長的な変化。その子のよさや持ち味、また残された課題や可能性。
3. 家庭との連携方法と留意点。

その他、出席統計などの学級事務や園務分掌の仕事の確認もしっかりとして、クラス担任のミッション完了です。

●互いの成長を感じたり、小学校生活を楽しみにしたりする。
●修了式のがんばりを認められ、喜びを感じる。 自立心

●小学生との交流を楽しみ、小学校での生活に期待を膨らませる。
●得意技大会を楽しむ。

●一人ひとりの具体的な成長の姿を話のなかで認めるとともに、小学校生活に安心感をもてるような話をする。

●小学生と交流をすることで、期待感が高まるようにする。
●保育者も飛び入り参加しながら得意技大会を行い、満足感いっぱいで園生活を終えられるように配慮する。

幼稚園の例

3月4日（月）

前日までの子どもの姿	●表現発表会を見た保護者などからの評価が、自信や自分の成長への気づきにつながってきている。いろいろな引き継ぎやお別れ行事のなかで自分たちのあとに園リーダーを任せる4歳児への思い、また小学校への期待が大きくなってくる。		
ねらい	●修了へ向けての準備をしながら、「大きくなった」ことを感じたり、小学校への期待をもつ。	主な活動	●飼育動物の世話の引き継ぎ ●修了記念製作（記念映像づくり）

時間	子どもの活動内容	保育者の援助	環境構成など
8:40	●登園する。 ●4歳児たちを誘って飼育動物の世話をし、園の仕事を後輩に引き継いでいく。 ●春の自然を感じながら戸外で遊ぶ。 ・木の芽を観察する。 ・影踏みをするなど、太陽の光を浴びて活動する。	●まだ肌寒い時期だが、そそぐ日の光は美しく、春の訪れを予感させる。子どもたちといっしょに戸外へ出て、冬から春に向かう自然を体感する。 ・木の芽を観察してみて、種類によって特徴があることや、静かなよそおいのなかにある生命の力強さを感じることができるようにする（これがきっかけとなって、日常生活のなかで期待をもって木々の変化を観察するようになる子どもも多い）。 ・透明感のある日光によって、長く美しい影ができるのを活用する。影踏みをしながら、太陽の運動の不思議や法則性について気づいたことを話し合うのもおもしろい。	●虫眼鏡やルーペを準備する。 ※太陽を見ないように、注意を喚起する ●ポスターカラーや絵の具、絵筆などの画材を用意する。
9:00	●作品をとじるファイルの表紙絵を描く。		
10:00	●修了記念製作として、DVDに収録する映像の録画を、園のお気に入りの場所で行う。	●何度か話し合って進めてきた「修了記念番組を作ろう！」プロジェクトに収録する映像として、自分が決めた園の思い出と未来の夢を記念ビデオに録画する手伝いをする。 ●子どもたちの思い出の場所や人を番組に挿入できるよう、子どもたちの考えや思いをよく聞き、実現できるように保育者もディレクターやカメラマンに変身する。	

時間	子どもの活動内容	保育者の援助	環境構成など
11:00	●室内に移動して、「おおきくなったら こんなしごとが してみたい」を収録する。 ・「ぼく（わたし）は ○○組の（名前）です。おおきくなったら（仕事やなりたい人）に なりたいです。（仕事やなりたい人）になって（△△△）したいです。」とアナウンサー風に。	【成長した姿を記念映像に残すこつ】 ●修了式に臨んで子どもや保護者たちといっしょに鑑賞し、ともに成長を喜び園生活に関わる人たちへ感謝の気持ちがもてるような番組に挑戦する。 ・一人ひとりの子どもの成長がよく表れている写真や家族のお気に入り写真ををを2、3枚挿入するなど、静止画と動画をバランスよく配置すると効果的。 ・「おおきくなったら、こんなしごとがしてみたい」などのテーマで将来の夢を語るのもよい。過去－現在－未来が凝縮され、晴れがましい気持ちと自信に満ちて小学校生活に臨むようにしていく。 ・語りなどの練習は家でも行うようにしてもらうことで、家族で将来の夢を語り合ったり、成長の喜びをかみしめたりするきっかけにもしてもらう。 ●ゆとりをもった撮影や編集ができる日程を計画しておく。	●自分たちの成長やいろいろな力の充実を実感する場合、これまでの成長の記録などを重ね合わせて、それぞれの成長の物語をつづることが有効。修了式に臨む保護者にも視聴してもらい、ともに園での成長を喜び合える雰囲気を作る。
12:00	●昼食を食べる。		
13:00	●次の5歳児クラスのために、保育室を片づけたり、飾ったりする。		
14:00	●降園する。		

自己評価の視点

子どもの育ちを捉える視点

●修了に向けての準備を進めながら、自分や友達の成長を感じたり表現したりしていたか。

自らの保育を捉える視点

●子ども自身がそれぞれの成長を感じている様子を認めてあげられていたか、また、それを促す援助はできていたか。

1・2・3月　保育の展開

行事　5歳児らしい生活発表会をサポートする

それまでの生活のなかで楽しんだ表現を発表できるように、子どもたちが主体的に取り組むことを援助しましょう。

1 どんな生活発表会にしたいか、話し合う

「どんな生活発表会にしたいか」について子どもたちと話し合いましょう。最初は、思いつきやイメージでかまわないので、たくさん出し合います。みんなで1つのものに向かって取り組んでいくという意識と、そのためにいろいろ試行錯誤をしながら助け合って進んでいくという姿勢を共有することを大切にします。

2 表現を工夫していく過程をサポートする

保育者は、保育中の表現や遊びに着目し、「それ、おもしろいね」「もっとこうしたら、こんなふうに見えるよ」などと応答しながら、表現を工夫していく過程を支えていきましょう。

保育者の提供するアドバイスや音楽で、子どもたちの意欲も変わってきます。

3 全体の見通しがもてるように、話し合いの場をもつ

具体的な表現が練られてきたら、子どもたちが全体的な進行の見通しがもてるとともに、目標や準備内容などを共通理解できるように、話し合いの場をもつようにします。

これまでよく分かり合ってきた仲間の特徴が表現できるようにするため、保育者は、話し合いの場が支持的な雰囲気で「それいいね。やってみよう！」と積極的なものになるようにサポートしていきます。

● 生活発表会の構成や演出にひと工夫

1．バランスを考えた全体構成
　個人、グループ、全体という演技者の構成や、合唱、合奏、劇やオペレッタ、ダンス、その他生活のなかの遊びや表現といった演技内容などをバランスよく構成する。

2．ゲストも楽しめる演目を
　保護者やいっしょに参加してくれる小学生たちがいっしょに楽しめるようなゲームやダンス、その他表現の場を作っておくことも大切。

行事 「育ち」を喜び合える修了式に

修了式は、園生活の集大成。成長の実感と、周囲の人たちへの感謝の気持ちをもてるよう、演出をしていきましょう。

1 気持ちを表現しよう

● **成長の実感と感謝の気持ちを込めて**
　修了式は5歳児にとって最後の行事。園生活の集大成として重要な意味をもちます。「ありがとう」の言葉に、自分や仲間たちの成長の実感と晴れやかな気持ちを包んで、表現できるように援助しましょう。

● **プレゼントする人を思い浮かべて**
　在園児あるいは保護者へのプレゼント、また残していく保育室の環境など、手渡される人の気持ちや表情などを想像しながら作ったり準備したりできるように、話し合いをもちましょう。
　また、在園児たちに感謝したり、ねぎらったり、励ましたりする言葉を用いることも大切です。

● **4歳児にとっては次のリーダーへのステップに**
　修了式に向けて、様々な活動が、在園児によって計画される園も多くあります。それは、4歳児たちにとっても、次のリーダーとなるための大切なステップとなります。

2 式の演出法

● **伝統と卒園児の個性を重ね合わせて**
　修了証書の授与方法、式中の歌や言葉などは、各園の伝統の上に、その年の修了児たちの個性を上手く重ね合わせて、子どもと保護者、保育者がともに成長を祝い、喜び合えるよう組み立てましょう。

● **成長を感じ、周りに感謝の気持ちを**
　一人ひとりが注目される場面や、皆で心を合わせて気持ちを表現する場面を作りましょう。自分や友達の成長を感じ、周囲の人たちに感謝の気持ちをもつことが最も大切なことです。

1・2・3月 保育の展開

1・2・3月　保育の展開

心の健康

入学へ向けてのメンタルヘルス

小学校入学が近くなると、いろいろな不安が頭をもたげてきます。
そのような時期に行うとよい、不安を和らげる活動のヒントです。

 保幼小接続活動の総仕上げを

　小学校への進学が目前になると、「1人で行けるかな」「先生って、どんな人かな」「勉強って…」など、急に具体的な不安が生じてくることもあります。園の最年長クラスとして園全体を牽引してきて自信たっぷりの子どもたちが、最年少として小学校という未経験の新生活に入っていこうとするのですから、心が揺れるのは当然といえます。そんな見えない不安を期待に変えるような活動を、小学校にも協力をあおいで、行ってみましょう。

● **小学校探検に行こう！**
　小学校の施設を探検に行ったり、いっしょに授業や給食に参加させてもらったりします。

● **心配事に小学校の先生からアドバイスをもらう**
　子どもたちや保護者が小学校生活について明るいイメージをもてるように、学習や通学などに関する具体的な心配事を小学校の先生に伝え、アドバイスをもらうようにします。

● **小学生と名刺交換**
　自分の似顔絵と名前を書いた名刺を作ります。小学生にも自分の名前を書いた名刺を作っておいてもらい、名刺交換をします。より多くの小学生の名刺をゲットしようと、積極的に話しかける姿が見られます。

● **小学校の先生と直接話す機会を**
　指導要録の抄本や指導の記録など文書化されたものだけではなく、指導の過程や子どもたちの特徴、小学校生活への適応の仕方などについて、直接話ができる機会をもてるよう努力しましょう。互いにとって忙しい時期ですが、子どもたちの育ちを小学校教育へスムーズにつなげていくキーパーソンは、他ならぬ保育者です。

小学校入学へ向けての安全指導

事故や犯罪被害を未然に防げるよう、小学校への通学路の安全を保護者とともにチェックする機会を設けましょう。

登校リハーサルをやってみよう

小学校生活への不安の1つに、「1人で行けるかな？」という登下校の心配があります。交通事故や誘拐など、保護者も同じように心配しています。

そこで、小学校もまだ春休みに入っていない通常授業の期間に、登園前の時間を使って小学校の登校リハーサルをしておくとよいでしょう。保護者に協力をしてもらって、子どもたちといっしょに、入学してからの通学と同じ経路で登校リハーサルを何度か行い、次のことをチェックしてもらいましょう。

通学路の安全チェックポイント

（1）曲がり角や信号の場所などのポイントを中心に自宅から小学校までの道順の確認。
（2）もしもの場合に助けを求めることのできる「こどもSOSの家」の場所の確認（つきまとい行為などの被害を受けそうになったり、身の危険を感じたりしたときに助けを求めることができる緊急の避難所）。
（3）トイレを借りる必要がおきたときに援助してもらえる公共施設や「こどもSOSの家」の協力団体などの確認。

保護者に注意を促すこと

事故や犯罪被害を未然に防ぐよう、保護者に対して、次のことを子どもに注意するようお願いします。
（1）登下校中にふざけない。
（2）寄り道や道草をしない。
（3）氏名や住所、電話番号などの個人情報は、外から見えるところに表示しない。

1・2・3月　保育の展開

「自尊感情」を育む

「非認知的能力」との関連もあって、最近よく耳にする「自尊感情」。
これも幼児期に育てておきたいものの1つです。

🌸 「自尊感情」とは？

「自尊感情」とは、自分自身を好きだと感じること、自分を大切に思える気持ちのことです。大人の感覚でいうと、自分自身を価値ある者だと感じる感覚です。自己肯定感と訳されることもあります。人より優れているという「優越感」とは違います。

どの子も、長所もあれば短所もあります。できることもあればできないこともあります。それら全てを含めて、自分がかけがえのない存在だと感じること、これが幼児期に育てておきたい自尊感情です。

🌸 高い「自尊感情」をもっている人は

高い自尊感情をもっている人は、何事に対しても積極的に取り組み、豊かな体験を積み重ねていくなかで、さらに自信がつき、自分を受け入れ、他者をも受け入れていくことができるようになります。自分をきちんと評価し受け入れること、自分の意見をしっかり言えて自己決定できること、人間関係のなかでしっかり生活していると感じることが大切です。保育者との関係における影響は大きいので、ポジティブな評価や言葉かけによる効果が期待できます。

🌸 「自尊感情」を育てる保育のポイント

①自分のよさを実感し、自分を肯定的に認めることができるようにする。
②今の自分を受けとめ、自分の可能性について気づくようにする。
③さまざまな人との関わりを通して、自分が周りの人に役立っていることや、周りの人の存在の大きさに気づくようにする。

「非認知的能力」や「自尊感情」が育っている保育シーン

前述の保育のポイントをふまえて、実際の保育シーンで「非認知的能力」や「自尊感情」がどう育っていくかを見てみましょう。

■事例「Aちゃん号、いよいよ発車です」

5歳児たちが、木片と厚紙でレーシングカーを作っているところへ、3歳児のA児がやってきた。5歳児たちは、彼の様子をちらっと見て、また各自の製作へ戻った。

「よし、できた！」「走らせてみるか」と、5歳児たちが立ち上がり、板をつなぎ合わせて作った傾斜コースに向かうと、A児も近づいてきた。「きたか…」という空気が流れた。坂の上から車を走らせ、その走行距離を競っているコースに立ちはだかり、車を止めては、いちいち手渡しにくる。<u>「前にいると危ないよ」「お客さんは、ここから見てね」と誘導しよう</u>とするが、それには応じない。　　　　　　　　　　　　　　　　　　　　　忍耐力

沈黙を破って、<u>5歳児のK児がA児に手招きして、「この車、Aちゃんが使っていいよ。かっこよく改造してみる？」</u>と言うと、「うん」とA児は笑顔になった。K児の<u>ていねいな説明と技術援助</u>が始まった。説明に詰まると、<u>周りの5歳児たちが助け舟を出し</u>、言葉をつないでいく。

社交性　　　　　　　　　　　　　　　　　　　　　　　　　　　　　　　思いやり

やがて2人は、2台の車をもってコースに帰ってきた。A児の順番がきた。周りの5歳児たちが<u>身を乗り出して声援を送る</u>。「Aちゃん号、いよいよ発車です」。A児の車は中程まで走ってコースを外れたが、<u>拍手が起こった</u>。その後、A児は車の微調整を教えてもらい、それを繰り返しては5歳児の列に並んだ。

目標への情熱　　　　　　　　　　　　　　　　　　　自尊心

■解説

予期せぬ闖入者の動きによって、5歳児たちの非認知的能力はフル稼働させられます。小さなトラブルやアクシデントなどの葛藤場面は、幼児が自己と向き合い、課題を乗り越えようと力を発揮し、自分の可能性やよさを実感する大切な機会です。

この事例からも、自分たちの遊びを崩されまいと適当な距離を置く様子、それがだめなら仲間としてなんとか受け入れる方策を試すなど、これまで培ってきた人間関係を調整する力の育ちを見ることができます。「Aちゃん号」が走ったとき起こった拍手に、A児はもちろんですが、K児もうれしく思ったことでしょう。こうした人との関わりを通して、自分が周りの人を支えたり、それによって役に立っていることを感じたりすることが、自己肯定感・自己有用感＝自尊感情の育ちにつながっていきます。

1・2・3月　保育の展開

159

●要領・指針の改訂（定）と指導計画 執筆　　（掲載順／肩書きは執筆時のもの）

神長美津子（國學院大學 人間開発学部子ども支援学科 教授）
渡邉英則（学校法人渡辺学園 港北幼稚園 園長、認定こども園 ゆうゆうのもり幼保園 園長）
鈴木八重子（元 文京区立保育園 園長）

●指導計画、保育の展開 執筆　　（肩書きは執筆時のもの）

鳴門教育大学附属幼稚園
（園長 佐々木晃、元養護教諭・看護師 杉山彩子、
徳島県幼稚園等新規採用教員指導員・食育インストラクター 新田陛子）

品川区立御殿山すこやか園
（施設長 大澤洋美）

カバーイラスト	カモ
カバー、CD-ROMデザイン	株式会社リナリマ
本文イラスト	浅羽ピピ、坂本直子、たかしまよーこ、長尾映美、町塚かおり、もりあみこ
本文校正	有限会社くすのき舎
CD-ROM製作	株式会社ケーエヌコーポレーションジャパン
編集協力	株式会社エディポック
本文デザイン・DTP	松崎知子、株式会社エディポック
編集	石山哲郎、西岡育子、井上淳子、田島美穂

役立つ！書ける！ 5歳児の指導計画
平成30年度施行 要領・指針対応　　CD-ROM付き

2018年2月　初版第1刷発行
2020年1月　　　　第4刷発行

著　者　　5歳児の指導計画 執筆グループ
発行人　　村野芳雄
編集人　　西岡育子
発行所　　株式会社チャイルド本社
　　　　　〒112-8512　東京都文京区小石川5-24-21
　　　　　電話　03-3813-2141（営業）
　　　　　　　　03-3813-9445（編集）
　　　　　振替　00100-4-38410
印刷・製本　共同印刷株式会社

©Child Honsha Co.,LTD. 2018　Printed in Japan
ISBN978-4-8054-0271-9
NDC376　26×21cm　160P

チャイルド本社ホームページ
https://www.childbook.co.jp/
チャイルドブックや保育図書の情報が
盛りだくさん。どうぞご利用ください。

■乱丁・落丁本はお取り替えいたします。
■本書の内容の一部あるいは全部を無断で複写複製することは、法律で認められた場合を除き、著作権者及び出版社の権利の侵害となりますので、その場合は予め小社宛て許諾を求めてください。

【CD-ROMに収録されているデジタルコンテンツの使用許諾と禁止事項】
・本書付属のCD-ROMに収録されているデジタルコンテンツは、本書を購入された個人または法人が、その私的利用の範囲内においてお使いいただけます。
・本コンテンツを無断で複製して、第三者に販売・貸与・譲渡・頒布（インターネットを通じた提供も含む）することは、著作権法で固く禁じられています。
・本CD-ROMの図書館外への貸し出しを禁じます。